Delia Bösch
Ruhrgebiet – Entdeckungsreise Industriekultur

KLARTEXT

Delia Bösch

Ruhrgebiet
ENTDECKUNGSREISE INDUSTRIEKULTUR

Titelbild: Manfred Vollmer

1. Auflage 2005
2. erweiterte und aktualisierte Auflage 2007
3. erweiterte und aktualisierte Auflage Januar 2011
Art Direction: Anja Steinig, Marcus Weyerke
Layout: Georg Brüx, Marius Obiegala
Realisation: Klartext Medienwerkstatt GmbH, Essen
Umschlaggestaltung: Volker Pecher, Essen
Druck und Bindung: Aalexx Buchproduktion, Großburgwedel
© Klartext Verlag, Essen 2011
ISBN   978-3-8375-0447-7
Alle Rechte vorbehalten

www.klartext-verlag.de

Alle Rechte der Verbreitung, einschließlich der Bearbeitung
für Film, Funk, Fernsehen, CD-ROM, der Übersetzung,
Fotokopie und des auszugsweisen Nachdrucks und Gebrauchs
im In- und Ausland vorbehalten.

INHALT 5

7 **Einleitung**

8 **Essen /// Zollverein**

- 40 Stichwort: Heimat – Image und Identität
- 42 TourTipp: Zollvereinweg
- 46 TourTipp: Schurenbachhalde

48 **Essen /// Villa Hügel**

- 68 Stichwort: Mythos Krupp
- 70 TourTipp: Museum Folkwang
- 74 TourTipp: Hohenhof Hagen
- 78 TourTipp: Margarethenhöhe

82 **Bochum /// Jahrhunderthalle**

- 100 Stichwort: RuhrTriennale
- 102 TourTipp: Zeche Hannover
- 108 TourTipp: Deutsches Bergbau-Museum

110 **Dortmund /// Kokerei Hansa**

- 124 Stichwort: Emscher
- 126 TourTipp: Emscher-Weg
- 128 TourTipp: Manufactum/Zeche Waltop

130 **Dortmund /// Zeche Zollern**

- 146 Stichwort: Industriedenkmalpflege
- 148 TourTipp: Schiffshebewerk Henrichenburg

152 **Witten /// Zeche Nachtigall und das Muttental**

- 166 Stichwort: Ruhrbergbau
- 168 TourTipp: Bergbau-Rundweg Muttental
- 170 TourTipp: Gruben- und Feldbahnmuseum Zeche Theresia

172 Hattingen /// Henrichshütte

- 184   Stichwort: Ruhr
- 186   TourTipp: Ruhrtal

190 Duisburg /// Landschaftspark Nord

- 208   Stichwort: Industrienatur
- 210   TourTipp: Grüner Pfad

212 Duisburg /// Innenhafen

- 226   Stichwort: Re-Urbanisierung
- 228   TourTipp: Rheinorange

230 Oberhausen /// Gasometer

- 242   Stichwort: Wiege der Ruhrindustrie
- 244   TourTipp: Tetraeder
- 246   TourTipp: Maschinenhalle Zweckel

248 Oberhausen /// Zinkfabrik Altenberg

- 256   Stichwort: Arbeitersiedlungen
- 258   TourTipp: Siedlung Eisenheim

262 Kleines Bergbaulexikon

266 Touristische Serviceleistungen

271 Stichwort-Register

272 Bildnachweis

Ruhrgebiet
ENTDECKUNGSREISE
INDUSTRIEKULTUR

Eigentlich gibt es das Ruhrgebiet gar nicht mehr. Denn Kohle und Stahl, die beiden Säulen der Ruhrwirtschaft, haben ihre ökonomische Rolle schon lange verloren. Kohle und Stahl hatten den einst romantischen Landstrich an der Ruhr in ein riesiges Industriegebiet verwandelt. So entstand zwischen 1850 und 1950 das Ruhrgebiet: Land der tausend Feuer und der rauchenden Schlote, wirtschaftlicher Motor für die Industrialisierung ganz Deutschlands.

In geradezu amerikanischem Tempo schossen rund um die Kohlengruben Zechen und Kokereien, Werkshallen und Fabriken wie Pilze aus dem Boden. Mächtige Dampfloks zogen unzählige Waggons, randvoll gefüllt mit Kohle, über ein ständig wachsendes Schienennetz. Von überall strömten Arbeiter in das boomende Revier, angelockt von dem schwarzen Grubengold. Planlos wuchsen Siedlungen, Kleinstädte und Dörfer rund um die Pütts. Die Bevölkerungszahl verdoppelte und verzehnfachte sich, mancherorts wuchs sie innerhalb von 50 Jahren sogar auf das Zwanzigfache an.

Die Fabrikanten und Industriepioniere waren stolze Herren einer neuen Zeit: Die Malakofftürme ihrer Zechen ließen sie mit Zinnen schmücken, Maschinenhallen mit Schalttafeln aus Marmor, goldenen Uhren und Jugendstilportalen. Noch heute wirkt manche Anlage wie ein Schloss der Arbeit. Andere, wie die inzwischen zum Weltkulturerbe ernannte Zeche Zollverein in Essen, orientieren sich am sachlichen Bauhausstil der Moderne. All diese Industriedenkmäler des Ruhrgebiets gilt es heute neu zu entdecken. Denn im Laufe der Zeit sind aus den Arbeitsstätten sehenswerte Museen und ungewöhnliche Parks, Bühnen und Ateliers, Restaurants und Hotels geworden.

Bei Touren und Besichtigungen bieten sich tiefe Einblicke in eine Region, die in der Industriekultur ihre kulturelle Identität bewahrt.

Glück auf!

ZOLLVEREIN

Gesamtkunstwerk und Weltkulturerbe

GESAMTKUNSTWERK UND WELTKULTURERBE

„Schönste Zeche der Welt", „Wunderwerk der Technik", „Kathedrale der Industriekultur" – Zollverein war schon immer ein Ort der Superlative. Heute ist der weitläufige Komplex im Essener Norden das bedeutendste Industriedenkmal im Ruhrgebiet und Symbol für den Strukturwandel. Seit 2001 gehört das einzigartige Ensemble der Bergbauarchitektur zum UNESCO-Welterbe der Menschheit und wird nach dem Masterplan von Rem Koolhaas behutsam umgestaltet. Längst ist in die denkmalgeschützten Maschinenhallen neues Leben eingezogen: Ausstellungen, Konzerte und Theateraufführungen locken Besucher und Touristen aus Nah und Fern. Zum Auftakt der Kulturhauptstadtjahres RUHR.2010 eröffnete das neue Ruhr Museum in der ehemaligen Kohlenwäsche – ein faszinierender Bau, in dem auch das neue Portal der Industriekultur und das Besucherzentrum Ruhr zu Entdeckungsreisen in die Geschichte der Region einladen.
Als sich am 1. Februar 1932 zum ersten Mal die Räder des Förderturms auf der Schachtanlage XII drehten, ging ein industrieller Hochleistungskomplex mit weitgehend automatisierten Arbeitsabläufen in Betrieb. Von Beginn an galt die Zeche Zollverein als eine der modernsten und leistungsfähigsten der Welt. Tag für Tag wurden mehr als 23.000 Tonnen Rohkohle ans Tageslicht geholt – eine Förderleistung, die dem Vielfachen einer herkömmlichen Revierzeche entsprach.

Mit der Gestaltung des Zechenkomplexes waren Fritz Schupp (1896–1974) und Martin Kremmer (1894–1945) beauftragt worden. Die beiden Architekten hatten bereits Erfahrungen mit dem Bergwerksbau im Ruhrgebiet. Doch dieser Auftrag war eine Herausforderung: Zum ersten Mal sollte mit dem neuen Zollverein Schacht XII eine Schachtanlage komplett aus einem Guss entstehen. Bei der Planung haben Architekten und Ingenieure erstmals eng zusammengearbeitet.

Der Zollverein Schacht XII wurde ein technisches und ästhetisches Meisterwerk. Noch heute besticht die symmetrische Anordnung der Gebäude auf zwei Blickachsen. Die komplett erhaltenen 20 Einzelgebäude bilden die technischen Arbeits- und Produktionsabläufe ab. Durchgestaltet bis in die Details der Lampen, Treppengeländer und Türgriffe ist die Anlage ein harmonisches Gesamtkunstwerk. Selbst Fördergerüst und der nicht mehr erhaltene Schornstein hinter dem heutigen Design Zentrum Nordrhein-Westfalen waren Gestaltungselemente einer architektonischen Gesamtkomposition.

Unmittelbar nach Schließung von Zeche (1986) und Kokerei (1993) wurden die Anlagen unter Denkmalschutz gestellt. Die Internationale Bauausstellung Emscher Park (1989–1999) entwickelte erste Konzepte für die Neunutzung und begann mit der bis heute andauernden Sanierung der Anlagen.

12 **ZOLLVEREIN** → Geschichte

BERGWERK DER SUPERLATIVE

Von Zollverein aus wurde deutsche Industrie- und Wirtschaftsgeschichte geschrieben: das Bergwerk galt als eines der größten und leistungsfähigsten Europas. Zwischen 1847 bis 1986 wurden insgesamt 220 Mio. Tonnen Kohle abgebaut, über und unter Tage waren bis zu 8.000 Bergleute im Schichtwechsel beschäftigt.

Als Gründungsjahr der Zeche Zollverein gilt das Jahr 1847, als der Kaufmann und Industriepionier Franz Haniel nach Erfolg versprechenden Probebohrungen die Berechtigung erhielt, in den Markscheiden eines 13 Quadratkilometer großen Grubenfeldes Bergbau betreiben zu dürfen. Das Bergwerk benannte er nach dem 1834 gegründeten Deutschen Zollverein.

Gründungsjahr der Zeche Zollverein: 1847

Fortan entwickelte sich unter Tage ein Grubengebäude mit einem Streckennetz von circa 120 Kilometern, das bei Stilllegung der Zeche 1986 bis in 1.200 Metern Tiefe reichte. Über Tage entstand in 140 Jahren aus der dünn besiedelten ländlichen Idylle der Emscherniederung mit Bauern und Köttern eine Industrielandschaft mit mehr als 50.000 Bewohnern. Erstes Zeichen dieses Einschnittes war die Eröffnung der neuen Strecke der Köln-Mindener-Eisenbahn am 15. Mai 1847, die die Felder und Wiesen in gerader Linie zerschnitt. 1851 gingen die ersten Zollverein-Kohlen über ein Anschlussgleis auf die Reise. Auf und rund um Zollverein, dem einzigen Arbeitgeber weit und breit, entstanden Werkseisenbahnen, Schachtgebäude und -anlagen, Halden, Siedlungen, Kokereien, Kirchen, Krankenhäuser und Schulen – meist vom Bergbau finanziert und gebaut. Den Takt für die Arbeit und das Leben im Schatten der Zollverein-Fördertürme gab der Betriebsplan des Bergwerks vor.

Stilllegung der Zeche Zollverein: 1986

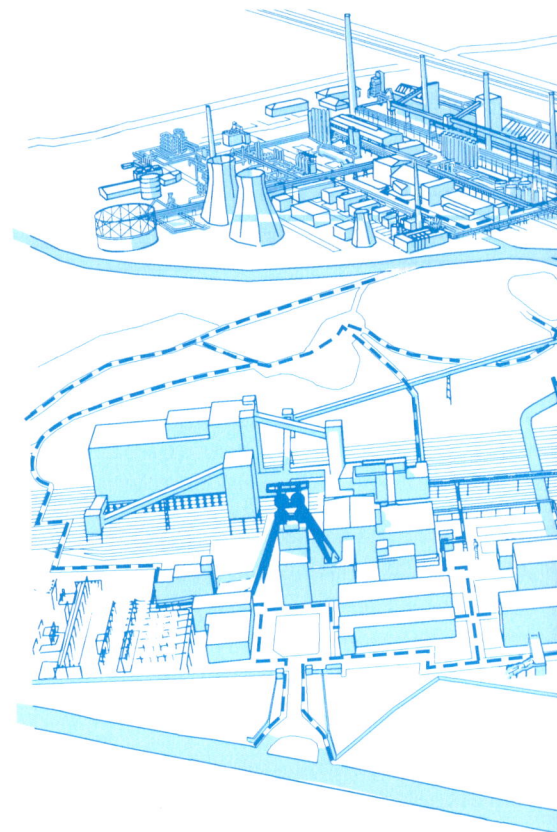

Welterbe Zollverein
Gelsenkirchener Straße 181
45309 Essen
www.zollverein.de

Informationen
Besucherzentrum Ruhr:
Kohlenwäsche, Schacht XII /// Gebäude A14
Gelsenkirchener Str. 181
Tel.: 0201.246810
E-Mail: besucherzentrum@zollverein.de
Öffnungszeiten: täglich 10.00–20.00 Uhr
Portal der Industriekultur
Öffnungszeiten: täglich 10.00–19.00 Uhr.
Eintritt: 2 Euro.

Führungen
Zahlreiche Führungen zu Geschichte, Wandel, Kunst und Architektur in verschiedenen Sprachen.

Denkmalpfad
Der „Weg der Kohle" führt durch die ehemaligen Produktionsgebäude der Steinkohlenzeche.

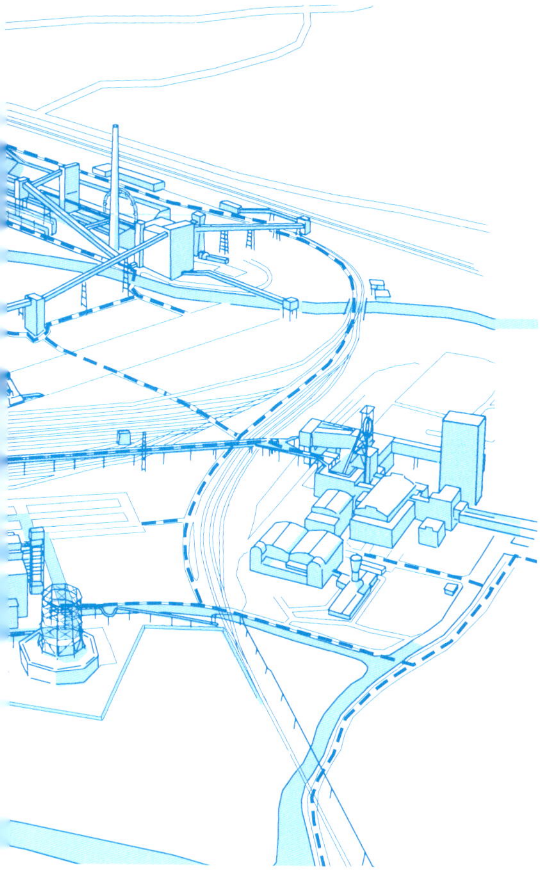

Audio-Guide
Der Wegbegleiter durch das Zollvereingelände erzählt Wissenswertes zu Architektur, Kunst, Kultur und Industrienatur.
Infos: Besucherzentrum.

Anfahrt:
mit dem Auto: A 42 Ausfahrt Gelsenkirchen Heßler, Beschilderung folgen /// A 40 Ausfahrt Essen-Frillendorf, -Huttrop oder -Zentrum, Beschilderung folgen.
mit dem öffentlichen Nahverkehr: Von Essen Hbf oder Gelsenkirchen Hbf mit der Straßenbahn-Kulturlinie 107 bis zur Haltestelle „Zollverein"

Weitere touristische Informationen:
RUHR.VISITORCENTER Essen
Welterbe Zollverein, Kohlenwäsche
Gelsenkirchener Straße 181
45309 Essen /// Tel.: 0201.246810
E-Mail: besucherzentrum@zollverein.de
Web: www.essen-tourismus.de
Öffnungszeiten: täglich 10.00–18.00 Uhr

RUHR MUSEUM

Anfang 2010 hat das Ruhr Museum in der faszinierenden Kulisse der ehemaligen Kohlenwäsche der Zeche Zollverein eröffnet. Das neue Museum versteht sich als regionales Gedächtnis und erzählt die ereignisreiche Geschichte des Ruhrgebiets.

Auf eindrucksvolle Weise zeigt die Dauerausstellung mit über 5.000 Exponaten die Natur- und Kulturgeschichte eine der faszinierendsten Regionen Europas. Sie berichtet von frühen Industriepionieren und deren Erfindungen, von der Arbeit unter Tage und dem Leben im Industriezeitalter, von Kriegen und Wiederaufbau, von Umweltzerstörung und vom blauen Himmel über der Ruhr.

Aber es erzählt auch die lange Geschichte vor der Industrialisierung: von Mammut, Nashorn und Faustkeil in einer Naturlandschaft; von den Römern am Rhein; von Klöstern, Burgen und Städten im Mittelalter; von Humanisten, Reformatoren und Aufklärern und schließlich von den Preußen im Ruhrgebiet. Und es zeigt das Ruhrgebiet von heute: Mythos und Realität bis zur aktuellen Vision von einer „Metropole Ruhr".

Der Ausstellungsrundgang folgt dem ehemaligen Weg der Kohle von oben nach

unten. Er führt vom Foyer im Besucherzentrum auf der 24-Meter-Ebene durch das knallig orange leuchtende Treppenhaus in einem ehemaligen Kohlenbunker bis hinunter in die unteren Etagen der Kohlenwäsche, die den Kategorien Gegenwart, Gedächtnis und Geschichte zugeordnet sind.

Der eigentliche Museumsparcours beginnt auf der 17-Meter-Ebene: Wo früher das Gestein von der Kohle getrennt wurde, werden nun Bilder und Klischees vom Ruhrgebiet präsentiert. Die 12-Meter-Ebene widmet sich der vorindustriellen Geschichte der Region von der Antike bis zum Mittelalter. Auf der 6-Meter-Ebene, der untersten Etage der Kohlenwäsche, wird die Geschichte von der Entstehung der Kohle vor 300 Millionen Jahren bis zur Epoche der Industrialisierung erzählt – der Zeit also, als ab 1850 die Industrieregion Ruhrgebiet entstand.

Ruhr Museum /// Zollverein A 14 (Schacht XII, Kohlenwäsche) /// Gelsenkirchener Straße 181 45309 Essen /// Tel.: 0201.8845200 /// Fax: 0201.8845138 /// E-Mail: info@ruhrmuseum.de www.ruhrmuseum.de /// Öffnungszeiten: täglich 10.00–19.00 Uhr /// Eintritt: ab 2 Euro
Öffentliche Führungen durch die Dauerausstellung: täglich 11.30 und 15.30 Uhr.
Audioguide: 4 Euro.

👁 RED DOT DESIGN MUSEUM

Folgt man bei einem Rundgang auf dem Schacht XII der so genannten Energieachse, läuft man vom Ehrenhof direkt auf die ehemalige Energiezentrale zu. Die dreischiffige Anlage besteht aus dem Kesselhaus in der Mitte und zwei Kompressorenhäusern in den Seitenflügeln. Direkt hinter dem Kesselhaus stand zu Betriebszeiten ein 106 m hoher Kamin, der die Symmetrie der Kraftanlage eindrucksvoll betonte.

Wo von 1932 bis zur Stilllegung der Zeche im Jahr 1986 die Dampf- und Druckluft für die gesamte Zentralschachtanlage erzeugt wurde, hat heute das red dot design museum seinen Sitz. Es gilt als die weltweit größte Ausstellung zeitgenössischen Designs und zeigt auf 4.000 m² mehr als 1.500 mit dem red dot ausgezeichnete Produkte.

Das Kesselhaus wurde zwischen 1992 und 1997 grundlegend saniert. Der britische Architekt Lord Norman Foster hat das Innere zu einem inspirierenden Ort für Veranstaltungen und Präsentationen umgestaltet. Für die neue Nutzung wurden die ehemaligen Dampfkessel aufgeschnitten und zum Teil mit Ausstellungsebenen versehen. So wurde Platz für Designobjekte wie Autos, Möbel, Büroaccessoires und viele schöne Dinge mehr geschaffen.

red dot design museum /// Zollverein Schacht XII, Halle 7 /// Gelsenkirchener Straße 181 45309 Essen /// Tel.: 0201.30104-25 /// Web: www.red-dot.de /// Öffnungszeiten: dienstags bis donnerstags 11.00–18.00, freitags bis sonntags 11.00–20.00 Uhr /// Die Ausstellungsräume können für Veranstaltungen gemietet werden, Kontakt: Tel.: 0201.17755077

👁 LA PRIMAVERA

Maria Norman hat den Ort für ihr Kunstwerk „La Primavera" mit Bedacht gewählt. Es scheint, als sei der Stahlkubus auf den alten Schienen direkt unter den ehemaligen Kesselaschebunker gefahren. Aus einer Rohrleitung wurde hier die Asche aus dem Kesselhaus eingeblasen und zwischengelagert. Der Bunker stand auf Stelzen und konnte von einem Eisenbahnwaggon unterfahren werden. Bei einem kurzen Stopp wurde die Asche von oben direkt in den Waggon verladen. Diese Bewegung war für den Ort bezeichnend: Ankommen, kurz verweilen und wieder wegfahren. Heute können Besucher hier viel mehr tun. Die Künstlerin möchte, dass sich Besucher ohne vorherige Beschreibung mit der begehbaren Raumskulptur auseinandersetzen, einfach hineingehen und sich selbst ein Bild machen. Deshalb sei nur soviel verraten: La Primavera wird erst durch die Besucher zu einem Kunstwerk.

LA PRIMAVERA /// Öffnungszeiten: zwischen April und Oktober /// Führung: Kunst-Installationen auf Zollverein: Rückriem – Kabakov – Nordman /// Termine für angemeldete Gruppen auf Anfrage /// Information und Anmeldung Tel.: 0201.246810, E-Mail: besucherzentrum@zollverein.de

CASTELL

Direkt auf den schwarzen Grund der Deponiefläche hat Ulrich Rückriem seine erste von insgesamt fünf Skulpturen auf der Zollverein-Halde gesetzt, das „Castell". Der Bildhauer ließ sein Kunstwerk ganz bewusst nicht auf einen Sockel stellen, sondern entschied sich für eine andere Lösung: er ließ es eingraben. Auf diese Weise erweckt es den Eindruck, als sei es fest mit dem Boden verwachsen. Die wuchtige Steinskulptur hat eine Kantenlänge von zehn Metern bei zwei Metern Höhe und ist die größte Skulptur überhaupt auf dem Zollverein-Gelände. Sie ist im Inneren begehbar und bietet dem Besucher interessante Aus- und Durchblicke in alle vier Himmelsrichtungen.

Ulrich Rückriem hatte das „Castell" im Jahr 1993 ohne Wissen der Stadt Essen in einer Art „Nacht- und Nebelaktion" auf das Niemandsland platziert. Die Aktion erregte ziemliches Aufsehen: Nicht zuletzt wurden damit die Pläne der Stadt durchkreuzt, die Halde Zollverein als Bauschutt-Deponie zu nutzen.

Was damals als eine Art Landnahme für die Kunst erschien, erweist sich aus heutiger Sicht als ein Glücksfall für Zollverein. Denn mit dem „Castell" legte der Bildhauer nicht nur den Grundstein für den Skulpturenwald; er machte Zollverein mit einem Schlag auch in der Kunstwelt bekannt. Seitdem gilt Ulrich Rückriem als Wegbereiter für die Entwicklung Zollvereins zu einem bedeutenden Standort für Kunst und Kultur.

CASTELL /// Themenführung „Kunst-Installationen auf Zollverein: Rückriem – Kabakov – Nordman" /// Termine für angemeldete Gruppen auf Anfrage /// Information und Anmeldung Tel.: 0201.246810 /// E-Mail: besucherzentrum@zollverein.de

👁 PACT ZOLLEREIN/CHOREOGRAPHISCHES ZENTRUM

Bis zur Schließung der Zeche Zollverein 1986 haben sich in der Waschkaue tagtäglich Tausende von Bergleuten umgekleidet und nach der Schicht den Kohlenstaub vom Leib gewaschen. An diese Zeit erinnern im Inneren des Backsteinbaus aus dem Jahr 1906 noch heute einige alte weiß gekachelte Wände und Seifenhalter, die immer wieder mit Kernseifenstücken Marke „Bergauf" gefüllt werden.

Heute hat hier das PACT Zollverein seinen Sitz. Die Abkürzung steht für Performing Arts Choreographisches Zentrum NRW Tanzlandschaft Ruhr. Die Einrichtung mit diversen Aufführungs- und Proberäumen nahm im Jahr 2000 den Betrieb auf. Inzwischen hat sich PACT in der internationalen Tanz- und Theaterszene einen Namen gemacht. Auf dem Programm stehen Gastspiele renommierter Künstler und Ensembles aus der ganzen Welt. Alle Räumlichkeiten werden für Konferenzen, Präsentationen, Meetings oder Workshops vermietet.

Informationen und Programm: PACT Zollverein/Choreographisches Zentrum NRW Zeche Zollverein Schacht 1/2/8 /// Bullmannaue 20 /// 45327 Essen /// Tel.: 0201.2894700 Web: www.pact-zollverein.de.

👁 KUNSTSCHACHT ZOLLVEREIN

Die ehemalige Schreinerei aus dem Jahr 1903 ist das Reich des Künstlers Thomas Rother. Seit 1990 lebt und arbeitet er hier. Seitdem heißt die Halle „Kunstschacht" und ist wohl der geheimste und spannendste Ort auf Zollverein, wenn nicht gar im ganzen Ruhrgebiet. Rother arbeitet mit der Geschichte. Er sammelt die Totems der Industrie, alles, was mit dem Bergbau zu tun hat: von der Grubenlampe über den Tisch aus einer Vorstandsetage bis zur Heiligen Barbara, der Schutzheiligen der Bergleute. Als bildender Künstler betreibt er „Spurensicherung": seine Fundstücke wie alte Maschinenteile und Arbeitsgeräte aus der Kohlenwäsche überträgt er auf schweres Büttenpapier beziehungsweise Leinwand. Der Kunstschacht ist heute Arbeitsplatz, Atelier und Museum in einem und kann auch als Veranstaltungshalle angemietet werden.

Zeche Zollverein Schacht 1/2/8 /// Bullmannaue 21 /// 45327 Essen
Tel.: 0201.304881 /// Öffnungszeiten: wochentags auf Anfrage, samstags und sonntags in der Regel 12.00–18.00 Uhr, Gruppen nach Voranmeldung.

ERFAHRUNGSFELD DER SINNE

1932, als die neue Schachtanlage XII in Betrieb ging, wurde die Förderung am Schacht 3/7/10 eingestellt. Seit 1996 ist das umwelt- und erlebnispädagogische „Erfahrungsfeld der Sinne" von Hugo Kükelhaus mit 60 Versuchsstationen hier beheimatet. 2006 kamen neben einem Außengelände ca. 50 Experimente dazu, die sich mit physikalischen Gesetzen befassen – Motto: Anfassen und Experimentieren sind ausdrücklich erlaubt. So kann man erfahren, „wie das Auge sieht, das Ohr hört, die Nase riecht, die Haut fühlt, die Finger tasten, der Fuß versteht, die Hand begreift, das Gehirn denkt, die Lunge atmet, das Blut pulst und der Körper schwingt." (Hugo Kükelhaus). In der wunderschön restaurierten, 14 Meter hohen Maschinenhalle ist ein Café untergebracht.

Zeche Zollverein Schacht 3/7/10 /// Am Handwerkerpark 8–10 /// 45309 Essen-Katernberg
Tel.: 0201.301030 /// Fax: 0201.3010333 /// Web: www.erfahrungsfeld.de /// Öffnungszeiten: montags bis freitags 9.00–18.00 Uhr, samstags und sonntags 10.00–18.00 Uhr.

👁 MISCHANLAGE

Vielleicht das faszinierendste Gebäude auf Zollverein: die in den Jahren 1957–1961 nach Plänen von Fritz Schupp entstandene Mischanlage der Kokerei Zollverein. Hier wurde die angelieferte Kohle auf zwölf Bunker verteilt, gemischt und über Förderbänder in die Kohletürme vor den Koksöfen transportiert. Da die Koksnachfrage durch die großen Stahlkrisen stetig sank, wurde die modernste Kokerei Europas 1993 stillgelegt. 1998 kam die Anlage in die Obhut der Stiftung Industriedenkmalpflege, die sich seitdem um eine denkmalgerechte neue Nutzung bemüht.

Erstmals öffentlich zugänglich wurde das Gebäude 1999 mit der Ausstellung „Sonne, Mond und Sterne" als Abschluss der Internationalen Bauausstellung Emscher Park. Dafür wurde das Gebäude unter denkmalpflegerischen Gesichtspunkten Instand gesetzt und umgebaut. Seitdem wird es regelmäßig als Ausstellungs- oder Veranstaltungshalle genutzt. Vom Dach bietet sich ein weiter Blick bis zur Arena „Auf Schalke". Besichtigungen sind im Rahmen von Führungen möglich.

Führungen und Infos: Stiftung Industriedenkmalpflege, Info-Punkt Kokerei Zollverein Arendahls Wiese (Mischanlage) /// 45141 Essen /// Tel.: 0201.83012–75 /// E-Mail: info@kokereizollverein.de /// Web: www.industriedenkmal-stiftung.de /// Öffnungszeiten Info-Punkt: April bis Oktober dienstags bis sonntags 10.00–18.00 Uhr, November bis März dienstags bis sonntags 12.00–18.00 Uhr.

👁 EISBAHN

Zehn Koksofenbatterien reihen sich auf 800 Metern an der so genannten „schwarzen Seite" der Kokerei dicht aneinander. In jedem einzelnen der insgesamt 304 Koksöfen wurde bei bis zu 1.250 Grad Celsius unter Luftabschluss 16 Stunden lang Kohle zu hochwertigem Koks „gebacken".

Der fertige „Kuchen" wurde mit einem Stempel aus dem Ofen gedrückt und mit Wasser gelöscht, bevor er in Waggons geladen und abtransportiert wurde. In den Wintermonaten wird das ehemalige Druckmaschinengleis unterhalb der Koksöfen in eine Eislauffläche verwandelt – winterliches Vergnügen vor grandioser Kulisse. In den Abendstunden setzt die rote und blaue Lichtinstallation der britischen Lichtkünstler Speirs & Major das Denkmal eindrucksvoll in Szene.

Infos und Öffnungszeiten Eisbahn Kokerei Zollverein /// Arendahls Wiese /// 45141 Essen
Tel.: 0201.83012–75 /// E-Mail: info@kokereizollverein.de /// Web: www.industriedenkmalstiftung.de und www.eisbahnzollverein.de

👁 WERKSSCHWIMMBAD

Der verrückteste Ort im Ruhrgebiet: das Werksschwimmbad der Frankfurter Künstler Dirk Paschke und Daniel Milohnic auf der Kokerei Zollverein. Der Pool befindet sich am Kopf der Koksofenbatterie 9, besteht aus zwei zusammengeschweißten Überseecontainern und bietet eine Schwimmfläche von etwa fünf mal zwölf Metern. Auf den hölzernen Sonnendecks kann man sich nach einem erfrischenden Bad entspannen. Das Werksschwimmbad war bereits in den Vorjahren Anziehungspunkt für viele Gäste des Industriedenkmals, insbesondere für Kinder und Jugendliche aus den umliegenden Stadtteilen.

Mischanlage/Kokerei Zollverein /// Arendahlswiese /// 45141 Essen
Tel.: 0231.93112233 /// Web: www.industriedenkmal-stiftung.de
Öffnungszeiten: im Sommer täglich von 12.00–20.00 Uhr.

👁 PALAST DER PROJEKTE

Das ehemalige Salzlager auf der weißen Seite der Kokerei ist seit 2001 Ausstellungshalle für den „Palast der Projekte", eine Rauminstallation des russisch-amerikanischen Künstlerpaares Ilya und Emilia Kabakov. Das schneckenartige Labyrinth ist mit über 60 verschiedenen Einzelprojekten gefüllt: Sie enthalten poetische Vorschläge, wie man sich selbst und die Welt verbessern kann. Der Besucher soll sich an kleinen Holztischen mit den fiktiven Geschichten auseinandersetzen.

Palast der Projekte im ehemaligen Salzlager der Kokerei Zollverein /// Arendahls Wiese/Tor 3 45141 Essen /// Öffnungszeiten: mittwochs bis sonntags 12.00–20.00 Uhr /// Führungen: pro Gruppe (max. 25 Personen) 90 Euro (inklusive Eintritt) /// Anmeldung unter Tel.: 0231.931122-33 /// Web: www.the-palace-of-projects.net

👁 SONNENRAD

Hoch hinaus mit tiefen Einblicken – das Sonnenrad auf der Kokerei Zollverein macht's möglich. Auf der Ofendecke der Kokerei befindet sich der Einstieg in das Rad, mit dem man in einer der 14 Gondeln zunächst der Sonne entgegen fährt: in 30 Metern Höhe kann man den einmaligen Blick über das Ruhrgebiet genießen. Anschließend geht es tief hinunter, durch die Koksöfen bis in die Ebene der Ofenbeheizung der Kokerei. Die Fahrt mit dem nabenlos konstruierten Sonnenrad dauert etwa 15 Minuten und ist kostenlos.

Kokerei Zollverein /// Arendahls Wiese /// 45141 Essen /// Tel.: 0201.8309090
Web: www.industriedenkmal-stiftung.de /// Öffnungszeiten: in der Regel Ende Mai bis Mitte September samstags, sonntags und feiertags 12.00–20.00 Uhr.

CASINO ZOLLVEREIN

Die spektakulärste Restaurant-Location im Ruhrgebiet, die man einfach gesehen haben muss. Hoher Anspruch an Gastlichkeit – das zeichnet das Casino Zollverein aus. In der Kulisse der ehemaligen Kompressorenhalle der Zeche Zollverein wird eine „New World Cuisine" serviert, die auch Elemente der regionalen Bergarbeiterküche einbezieht. In dem historischen Industrieambiente mit sechs Meter hohen Betonsäulen, modernem Innendesign und ständig wechselnden Dekorationen wird der Aufenthalt zum Erlebnis – an Bar, im Restaurant und Loungebereich oder sommertags im Biergarten.

Ein Eventsaal in der ehemaligen Turbinenhalle bietet Platz für Veranstaltungen jeder Art und bis zu 1.200 Personen. Preise: mittel bis gehoben.

Casino Zollverein /// Zollverein Schacht XII /// Gelsenkirchener Straße 181 /// 45309 Essen
Tel.: 0201.83024-0 /// Web: www.casino-zollverein.de /// Öffnungszeiten: täglich außer montags durchgehend 11.30–00.00 Uhr.

KOKEREI CAFÉ

Der beste Platz, um die abendliche Lichtinszenierung auf der Kokerei Zollverein zu genießen: Das Kokerei Café in der ehemaligen Mischanlage. Von hier aus blickt man direkt auf den „Canale Grande", wie das Wasserbecken unterhalb der Koksöfen genannt wird. Man sitzt an rustikalen Bänken und Tischen, wählt zwischen Capuccino und Kuchen, Salat und Pasta. Ambiente: locker-rustikal mit einer rauen Portion Industriekultur. Publikum: gemischt, Preise: niedrig bis mittel. Ideale Einkehr für Radfahrer. Sommertags Biergarten.

Kokerei Café /// Mischanlage Kokerei Zollverein /// Arendahls Wiese /// 45141 Essen Tel.: 0201.8301298 /// Web: www.cultural-service.de /// Öffnungszeiten: täglich durchgängig 12.00–20.00 Uhr (Küche bis 19.30 Uhr) /// Gruppen nach Voranmeldung.

🍴 FÜNF MÄDELHAUS

Bis 1960 wurden hier noch die Knappenrenten ausgezahlt: Das „Fünf Mädelhaus", nur fünf Gehminuten von Schacht XII entfernt, ist ein herzlich-rustikales Traditionshaus und Kult-Treff zugleich – für Nachbarn aus dem Stadtteil, Fußballfans, Karnevalisten und auch immer mehr Touristen. 1930 als „Sterneck" eröffnet, wird die Eckkneipe samt Restaurant und Biergarten schon in vierter Generation von Familie Hertzler geführt. Nach der Geburt seiner fünften Tochter taufte der Gründer sein Haus kurzerhand in „Fünf Mädelhaus" um.

Die Urenkelin und aktuelle Wirtin Edith Herztler-Hohn hat sich ganz dem Bergbauflair verschrieben: Vorspeisen heißen „Glück auf!", Hauptgerichte „Wir fahren ein", Desserts „Schicht im Schacht". Selbstverständlich gibt es auch das so genannte „Pflichtprogramm": Reviertypische Klassiker von Panhas über Brathering mit Röstkartoffeln bis zu Pommes Frites und Currywurst rot-weiß. Neu im Angebot sind auch Souvenirs – vom Kohlebrötchen über Bergmannsfliesen bis zum Bergmannsbär „Stoppel".

Fünf Mädelhaus /// Hugenkamp 35 /// 45141 Essen-Stoppenberg /// Tel.: 0201.300121 www.das-fuenf-maedelhaus.de /// Öffnungszeiten: täglich ab 16.00, sonn- und feiertags ab 11.00 Uhr, dienstags Ruhetag. Mittagstisch auf Vorbestellung.

MEDAILLON

Frische mediterrane Speisen erwartet die Gäste im Restaurant Medaillon, fünf PKW-Minuten von Schacht XII entfernt. Die ehemalige Bergmannskneipe, mit warmen Farben und viel Liebe zum Detail umgestaltet, bietet Klasse statt Masse – und das zu einem überraschend angemessenen Preis-Leistungsverhältnis. Je nach Jahreszeit wird die Speisekarte umgestellt, nur einige Lieblingsgerichte der Stammgäste bleiben. Die gute Küche hat sich inzwischen herumgesprochen. Gruppen nehmen im Nebenraum Platz, wo früher die Kneipenbühne war. Publikum: vom Geschäftsmann bis zur Oma von nebenan. Preise: mittel. Tipp: In Zusammenarbeit mit der Stadtteil-Initiative „Zollverein Touristik" bietet das Medaillon auch ein heimatlich inspiriertes Profi-Catering: Lunchpakete, klassische Kaffeetafeln und Ruhrgebietsbuffets nach traditionellen Rezepten, zeitgemäß aufgefrischt.

Medaillon /// Matthias-Erzberger-Straße 2 /// 45309 Essen-Schonnebeck
Tel.: 0201.89 94 993 /// Web: www.medaillon.net /// Öffnungszeiten: 12.00–15.00 und 18.00–23.00, samstags 18.00–23.00 Uhr, dienstags Ruhetag. Gruppen nach Voranmeldung.

TRATTORIA PIZZERIA PAOLO

In dem über 100 Jahre alten Steigerhaus weht heute ein Hauch von Kalabrien – 1.500 Meter vom Förderturm auf Zollverein entfernt. Neben Pizzen stehen hausgemachte Pasta und Köstlichkeiten á la Mama italiana auf der Karte – alles frisch zubereitet, auch in kleinen Portionen und zu zivilen Preisen. Mit etwas Glück erlebt man Paolo Minichini zu vorgerückter Stunde als Showman hinter seinem Keyboard (Tisch reservieren!). Die Schwarzweiß-Fotos zeigen seinen Vater beim Thunfischfang. Publikum: bunt gemischt, Preise: niedrig bis mittel.

Trattoria Pizzeria Paolo /// Gelsenkirchener Str. 48 /// 45141 Essen-Stoppenberg
Tel.: 0201.295858 /// Web: www.paolo-stoppenberg.de /// Öffnungszeiten: dienstags bis samstags 12.00–14.30 und 17.00–22.30, sonntags und feiertags 16.00–22.30 Uhr, montags Ruhetag

🍴🛏 HOTEL UND RESTAURANT „ALTE LOHNHALLE"

Das Kultur- und Tagungshotel in der 1974 stillgelegten Zeche Bonifacius ist genau das Richtige für Gäste, die das Besondere lieben. Die Hotelinhaberin hat den denkmalgeschützten Bau im Stil des Historismus mit viel Geschmack umgebaut. Prunkstück des Hauses ist die alte Lohnhalle, wo den Bergleute früher der Wochenlohn ausbezahlt wurde: Der 16 Meter hohe Raum dient heute als Hotellobby und Bankettsaal. Kaum weniger herrschaftlich ist der Seitentrakt mit hohen Rundbogenfenstern und Kronleuchtern, in dem das Frühstück serviert wird. Zudem gibt's seit kurzem das Restaurant „Über Tage" mit einer kleinen, feinen Karte wechselnder Gerichte, die noch wirklich gekocht werden. Die 17 Zimmer sind individuell eingerichtet und zum Teil mit Design-Klassikern des 20. Jahrhunderts ausgestattet – hier gilt das Motto „Schöner Wohnen in Industriekultur". Preise: Je nach Saison ab 73 Euro für das Doppelzimmer mit Frühstück. Abends lockt der benachbarte Biergarten unter alten Bäumen. Shuttle- und Gepäck-Service auf Anfrage.

Hotel und Restaurant „Alte Lohnhalle" /// Rotthauser Straße 40 /// 45309 Essen-Kray Tel.: 0201.38457–0 /// Web: www.alte-lohnhalle.de /// Öffnungszeiten Restaurant: mittwochs bis samstags 18.00–22.00 Uhr, Tischreservierung erforderlich. Bankette nach Vereinbarung.

🛏 VIERSPÄNNER-FERIENWOHNUNG

Ein Haus von gestern mit dem Komfort von heute: Das denkmalgerecht sanierte Bergmannshaus in der ehemaligen Bergarbeitersiedlung Ottekampshof. Vermieterin Anne Weisberg ist alteingesessene Katernbergerin und in dem Haus aus dem Jahr 1899 aufgewachsen. Die Wohnung in dem so genannten Vierspänner-Haus, in dem schon ihre Großeltern lebten, hat sie originalgetreu und mit viel Liebe zum Detail eingerichtet. Auf 52 Quadratmetern und drei Etagen verteilen sich zwei Schlafräume, ein gemütlicher Wohnraum samt umfangreicher Ruhrgebiets-Literatur, ein modernes Badezimmer und eine voll eingerichtete Wohnküche. Neben historischen Kochbüchern und einem stilechten Bohnerklotz, mit dem früher die Holzböden gebohnert wurden, sorgt ein alter, komplett restaurierter Emaille-Küchenofen für nostalgisches Flair. Im Keller erwartet die Gäste ein Erlebnis der besonderen Art: Neben der Möglichkeit, einmal „an Kohle zu schnuppern", kann man in einer Zinkbadewanne auch Badekomfort anno 1899 kennen lernen. Preise: ab ca. 34 Euro pro Person.

Vierspänner-Ferienwohnung /// Anne Weisberg /// Dortmannhof 14 /// 45327 Essen
Tel.: 0201.309065 oder 0172.2520666 /// Web: www.ferienwohnung-vierspaenner.de

🛏 ÜBERNACHTEN UNTERM FÖRDERTURM

Ferienwohnungen und Privatzimmer mit echtem Ruhrgebietsflair rund um das Welterbe Zollverein vermittelt die Stadtteilinitiative „Zollverein Touristik". Alle Privatquartiere sind zertifiziert und bieten ein üppiges Frühstück.

Zollverein Touristik /// Kokerei Zollverein/Tor 3 /// Arendahls Wiese /// 45141 Essen
Tel.: 0201.8605940 /// Fax: 0201.8605944 /// E-Mail: info@zollverein-touristik.de
Web: www.zollverein-touristik.de

SCHMUCKKOLLEKTION MIT ZOLLVEREIN-LOGO

Den Förderturm – Wahrzeichen und offizielles Logo von Zollverein – haben drei Schmuckgestalterinnen der Werkstatt und Galerie SchmuckProdukt in einer erschwinglichen Schmuckkollektion verewigt. Silberkugeln von je einem Gramm Gewicht werden zu kleinen runden Plättchen geschmiedet, in die das Zollvereinlogo hineingestempelt wird. Diese werden dann zu beweglichen Silberringen, Ketten mit Anhängern, Armbändern und Manschettenknöpfen verarbeitet. Alles in Handarbeit, versteht sich, sozusagen als Reminiszenz an den handwerklichen Arbeitsprozess zu Zeiten aktiver Kohleförderung. In der kleinen Galerie lässt sich nach Lust und Laune stöbern.

SchmuckProdukt – Galerie und Werkstatt /// Zeche Zollverein Schacht XII, Halle 12 Gelsenkirchener Straße 181 /// 45309 Essen /// Tel.: 0201.8305244 /// Web: www.schmuckprodukt.de /// Öffnungszeiten: mittwochs bis samstags 12.00–18.00 Uhr.

TONWAREN

Nicht ganz einfach zu finden, aber die Suche lohnt sich: Die Keramische Werkstatt, Tochterunternehmen der RAG AG, versteckt sich seit 1987 in dem ehemaligen Baulager der Zeche Zollverein am Rande von Schacht 1/2/8. Hier wirkt und arbeitet die Töpferin Young-Jae Lee. Mit zwei Gesellen und weiteren Mitarbeitern stellt die Koreanerin hochwertiges, rein funktionelles Keramikgeschirr her, das an die gebrauchsorientierte Tradition des Bauhaus anknüpft. Die vielfach ausgezeichneten Keramiken finden ihren festen Abnehmerkreis bei Stammkunden und werden international ausgestellt. Besucher sind willkommen, können kaufen oder nach Wünschen bestellen.

Keramische Werkstatt Margarethenhöhe GmbH /// Zeche Zollverein Schacht 1/2/8
Bullmannaue 19 /// 45327 Essen /// Tel.: 0201.30 50 80 /// Web: www.kwm1924.de
Öffnungszeiten: montags bis freitags 9.00–17.00, samstags 11.00–15.00 Uhr

STICHWORT:
HEIMAT – IMAGE UND IDENTITÄT

Noch immer sieht man sie in den Buchhandlungen: Hochglänzende Bildbände mit Schlössern, mittelalterlichen Herrensitzen und Burgen, die das Ruhrgebiet von seiner vermeintlich schönsten Seite zeigen. Vor allem die offiziellen Regionalstrategen hatten noch in den späten 1990er Jahren die Kohle- und Stahlvergangenheit der Region rigoros ausgeblendet. Sie wollten das Image vom „Kohlenpott" ein für allemal loswerden – vergeblich, wie sich heute zeigt. Denn was den Beamten von damals peinlich war, ist heute längst Kult.

Erst mit der Internationalen Bauausstellung (IBA) Emscher Park, die von 1989 bis 1999 im Auftrag des Landes NRW ein städtebauliches Erneuerungsprogramm im nördlichen Ruhrgebiet durchsetzte, fand ein öffentlicher Bewusstseinswandel statt. Deren Chef und Vordenker Prof. Karl Ganser machte die baulichen Hinterlassenschaften aus der prägende Epoche der Industrialisierung des Ruhrgebiets zum großen Thema: Malakoff-Türme und Maschinenhallen, Kokereien und Zechen, Halden und Fördergerüste.

Vieles war bereits in den Jahrzehnten zuvor abgebrochen und für immer dem Erdboden gleichgemacht worden – vergleichsweise wenig konnte geradezu in letzter Minute vor dem Abriss gerettet werden. Und nicht immer gab es gleich ein Konzept, wie man das Erhaltenswerte mit neuem Leben füllen kann. Jede Menge Überzeugungsarbeit war nötig, um solche Kommunalpolitiker zu überzeugen, die den neuen Landschaftspark Duisburg-Nord als „großen Schrotthaufen mit tausend bunten Glühbirnchen" bezeichneten und stattdessen vom Gewerbepark mit Baumarkt, SB-Tankstelle und Kentucky Fried Chicken träumten. Erbitterten Widerstand leisteten auch jene regionalen Öffentlichkeitsarbeiter, die seit den 1980er Jahren Worte wie „Revier", „Kohle" oder „Pott" per Mitarbeitervermerk aus den Gedächtnissen streichen wollten. Und die in Anzeigen, Büchern und Broschüren das Bild vom Ruhrgebiet so weich und sauber zeichneten, dass man es selbst als Einheimischer nicht wieder erkannte.

Dennoch: Langsam, aber unaufhaltsam wurden die Relikte der Industrialisierung zu positiven Imageträgern – und zu einer Art trotzigem Markenzeichen einer Region, die sich neu erfindet. Schützenhilfe bekam die IBA von unzähligen Geschichtsvereinen, in denen sich auch ehemalige Bergleute engagierten. Mit einer großen Portion Tatkraft, Sturheit und liebenswerter Nostalgie bewaffnet, waren sie es, die alte Maschinenhallen vor Verfall und Vandalismus bewahrten, stillgelegte Fördermaschinen vor dem endgültigen Verrosten. Einige dieser „Ehemaligen" sind noch heute in dem 1991 gegründeten regionalen Netzwerk „Forum Geschichtskultur an Ruhr und Emscher" aktiv.

Können die baulichen Hinterlassenschaften der Kohle- und Montanindustrie tatsächlich für einen Neuanfang des Ruhrgebiets stehen? Diese Frage wird man endgültig wohl erst dann beantworten können, wenn Standorte wie Zollverein in Essen oder das Gelände der ehemaligen Union-Brauerei in Dortmund sich im Alltag behauptet haben. Fest steht allerdings schon jetzt: Ohne das, was man heute als Industriekultur bezeichnet, wäre Essen für das Ruhrgebiet niemals Kulturhauptstadt Europas geworden.

TOURTIPP 1: ZOLLVEREINWEG – MIT DEM FAHRRAD VOM WELTKULTURERBE ZUR JAHRHUNDERTHALLE BOCHUM

Einer der schönsten und interessantesten Abschnitte des Emscher Park Radwegs verbindet das Welterbe Zollverein mit der Jahrhunderthalle Bochum. Los geht's! Am alten Stellwerk direkt an der Gelsenkirchener Straße in Essen biegt man auf den „Zollvereinweg", der später in den Emscher Park Radweg Richtung Bochum und Gelsenkirchen-Ückendorf übergeht. Das Teilstück ist die Eisenbahntrasse der früheren Kray-Wanner-Bahn, die einst die verschiedenen Zollverein-Schächte mit dem gigantischen Verschiebebahnhof Wanne-Eickel verband und zahlreiche weitere Zechen in Essen und Gelsenkirchen anschloss.

Dieser Radweg ist von Fördertürmen und Bergehalden geradezu gesäumt. Vor allem aber gewährt die Radroute hochinteressante Einblicke in die Stadtlandschaft der früheren Zechengemeinden in Essen, Gelsenkirchen und Bochum. Kurvenreich und ohne nennenswerte Steigungen zieht sich die Strecke dahin, mal in Troglage, mal auf Dämmen, mal über hohe Brücken, die einen Blick in Hinterhöfe und Gärten der vielen Zechensiedlungen gestatten. Gut lässt sich erkennen, dass Häuser und Straßen im Laufe von Jahrzehnten wegen des Kohleabbaus und der folgenden Bergschäden mehrere Meter absanken, während die Bahntrasse häufig aufgeschüttet werden musste.

Kontakt und Führungen
Förster Oliver Balke
Forststation Rheinelbe
Leithestraße 61 b
45886 Gelsenkirchen
Tel.: 0209.1474844

Nach einigen Kilometern zweigt links ein Weg zum Mechtenberg ab, der einzige „echte" Berg weit und breit. Gekrönt wird er von einem Bismarckturm. In Gelsenkirchen-Ückendorf führt der Radweg mitten durch den Skulpturenpark, der auf dem ausgedehnten Gelände des ehemaligen Stinnes-Bergwerks Rheinelbe entstand. In dem wilden Industriewald, der sich hier seit der Stilllegung der Zeche entfaltet hat, findet man eine Reihe von Installationen des Künstlers Hermann Prigann – Kunstzeichen, die sich auch durch die verwendeten Materialien Stein und Holz in einer Art Wechselspiel auf den Ort beziehen. Der Künstler hat sich seit Ende der 1980er Jahre mit Industriebrachen als den „vergessenen Landschaften" unserer Zeit auseinandergesetzt. In der ehemaligen Schaltwarte der Zeche ist heute die Forststation Rheinelbe untergebracht, hier informiert eine Ausstellung über das Thema Industrienatur. Ein Besuch ist nach Anmeldung möglich.

Einen Abstecher sollte man unbedingt zu der von Hermann Prigrann gestalteten „Himmelstreppe" auf der Halde Rheinelbe machen – eine fast mythische Landmarke, die schon aus der Ferne zu erkennen ist. Vom Skulpturenwald aus folgt man der Kray-Wanner-Bahn bis zum Ende und trifft nach rund drei Kilometern automatisch auf die so genannte Erzbahn, einer weiteren ehemaligen Güterzugstrecke, die auf Grund ihrer Hochlage besonders attraktiv ist. Auf ihr fährt man entspannt und kreuzungsfrei bis zur Jahrhunderthalle. Ganz am Ende, kurz vor dem Erreichen des ehemaligen Hüttenwerks und heutigen Bochumer Westparks, in dem die Jahrhunderthalle liegt, strebt der Weg seinem Höhepunkt entgegen: 130 Meter lang ist die ungewöhnliche Hängebrücke – eine kühne Stahlkonstruktion, die sich in einer eleganten S-Kurve über die Landschaft schwingt. Die so genannte Erzbahnschwinge hat der renommierte Bauingenieur Jörg Schlaich entworfen. Kenner wissen, dass sich die ganze Vielfalt und das Pittoreske des Ruhrgebiets besonders gut entlang der alten Bahntrassen entdecken lässt. Zu sehen sind oft in rascher Folge romantische Schrebergärten, Reste alter Agrarlandschaften, verwilderte, von selbst entstandene Naturreservate und dann wieder leer stehende Industriehallen. All dies bietet der Zollvereinweg.

Tipp für Radfahrer
Erlebnisführer
„Route Industriekultur per Rad"
Preis: 14,90 Euro.

TOURTIPP 2: DIE SCHURENBACHHALDE - BRAMME FÜR DAS RUHRGEBIET

Anfahrt
Emscherstraße
45329 Essen-Altenessen

Mit öffentlichen Verkehrsmitteln:
Von Essen Hbf mit der U 11 oder U 17 bis „Karlsplatz", dann mit Bus 173 oder 183 bis „Kirche Heßlerstraße", von dort Fußweg bis zum Haldenaufgang

Halden gibt's im Ruhrgebiet einige hundert, viele kleinere und in der Emscher-Niederung ein gutes Dutzend richtig große. Keine aber kann sich mit der Schurenbachhalde in Essen-Altenessen messen. Dieser Berg ist ein Kunst-Werk in mehrfacher Hinsicht. Erstens weil die Ruhrkohle AG hier im Laufe dreier Jahrzehnte auf einer Grundfläche von 43 Hektar (= 80 Fußballfelder) unvorstellbare 25 Millionen Tonnen Gesteinsreste aus dem Bergbau ablagerte und damit eine einst platte Landschaft völlig veränderte. Zweitens aber, weil die ausgedehnte Haldenkuppe nach dem Ende des Kipp-Betriebs eben nicht einfach nur bepflanzt wurde. Man schuf mit schwarzem Abraummaterial eine weite, konvex gewölbte baum- und strauchlose Fläche, in deren Mitte der

Spaziergänger dank der sanften Neigung den Eindruck hat, sie sei endlos. Genau am höchsten Punkt steht eine dünn gewalzte, 15 Meter hohe Stahlbramme des amerikanischen Bildhauers Richard Serra – Hommage an eine Region, die neben der Kohle durch Stahlproduktion zu dem wurde, was sie ist.

Das Erleben dieser kargen Mondlandschaft hat mitunter etwas Beglückendes, etwa wenn die Bramme in der Abendsonne rostrot leuchtet. Aber die Schurenbachhalde kann auch anders. An grauen, verregneten oder nebligen Tagen kommen Leute, die gerade an der Welt verzweifeln, hier kaum auf angenehmere Gedanken. Aber manchmal ist das ja gar nicht so schlecht.

Was sieht man von hier? Viel, sehr viel. Die Halde, die ihre Umgebung eigentlich nur um 50 Meter überragt, ist bei guter Fernsicht ein Fest für Augenmenschen, eine Aussichtskanzel auf die seltsam faszinierende Stadtlandschaft Ruhrgebiet. Man erkennt Autobahnen und Siedlungen, stillgelegte und aktive Industrien, Rhein-Herne-Kanal und Emscher, Rohrleitungen und Nachbarhalden, Wälder, Gärten und Felder. Eine Patchwork- und Gegensatz-Landschaft, die nur scheinbar beherrscht wird von der herben Schönheit der geraden Linie, wie sie die Wasser- und Verkehrstechniker übers Land legten. Ganz hinten, einer Fata Morgana ähnlich, grüßen die Hochhäuser der Essener Innenstadt, noch weiter im Süden die bewaldeten Ruhrhöhen – schon eine andere Welt.

Anfahrt
mit dem Auto:
A42 Abfahrt Essen-Altenessen, Beschilderung „Schurenbachhalde" folgen.

Essen und Trinken:
Das rustikale „American Essen" in der ehemaligen Werkstatthalle der Zeche Fritz-Heinrich ist weit und breit die einzige Einkehr. Zum Beispiel sonntags nach dem Sturm auf die Halde zum American Breakfast.

American Essen
Hesslerstraße 23
45329 Essen-Altenessen
Tel.: 0201.2895090
Web: www.american-essen.de
Öffnungszeiten: dienstags bis donnerstags 17.00–00.00,
freitags und samstags 17.00–open end,
sonntags 10.00–14.00 und
17.00–00.00 Uhr.

VILLA HÜGEL

*Wohnsitz der
Industriellenfamilie Krupp*

WOHNSITZ DER INDUSTRIELLENFAMILIE KRUPP

Auch heute noch muss jeder Besucher der Villa Hügel eines der beiden historischen Pförtnerhäuschen passieren, ehe sich die Schranke zu dem ehemaligen Anwesen der Unternehmerfamilie Krupp hebt. Von hier aus führt die gewundene Zufahrt durch einen herrlichen Park direkt zur Villa Hügel. Der repräsentative Gebäudekomplex liegt malerisch auf den Ruhrhöhen oberhalb des Baldeneysees im Essener Süden und besteht aus einem kleinen und großen Haus. Das bis 1945 als Wohnhaus dienende große Haus wurde 1873 von der Familie Krupp bezogen und präsentiert sich heute im Bauzustand von 1915. Der Park und Teile der Gartenanlagen wurden 1961 grundlegend umgestaltet, einige kleine Gebäude abgerissen. Seit 1986 steht die Villa Hügel unter Denkmalschutz.

Allein im Haupthaus mit dem verglasten Belvedere verteilen sich auf rund 4.500 Quadratmetern Geschossfläche über 100 Räume, im Stil der Zeit reich mit kassierten Holzdecken, Ölgemälden und gepolsterten Sitzgruppen ausgestattet. Die wichtigsten und größten Räume können heute besichtigt werden. Die Empfangshalle nächst dem Eingang beeindruckt durch Monumentalität und eine

Gemäldesammlung, zu der neben Porträts der Hohenzollern-Kaiser auch Bilder der Familie Krupp gehören. Sie verdeutlichen das Selbstverständnis der wohl bedeutendsten deutschen Industriellen-Dynastie. Es folgt die Bibliothek, deren Bücherbestand in den 1960er Jahren zu großen Teilen der Bochumer Ruhr-Universität vermacht wurde. Den künstlerisch größten Wert besitzt die Sammlung mit flämischen Wandteppichen aus der Zeit von 1500 bis 1760, die im neobarocken Gartensaal im Erdgeschoss sowie im Treppenaufgang und in einigen Räumen des ersten Obergeschosses zu sehen sind. Hier kann auch das Musikzimmer und das Arbeitszimmer besichtigt werden. Den wuchtigen Schreibtisch benutzten alle Firmeneigentümer seit Alfred Krupp. Überwiegend im oberen Stockwerk finden auch die wechselnden Kunstausstellungen der Alfried Krupp von Bohlen und Halbach-Stiftung statt, die ihren Sitz im Übrigen ebenfalls auf dem Hügel-Gelände hat.

Im restaurierten kleinen Haus, einst für Gäste gedacht, wird seit 2007 die historische Ausstellung Krupp gezeigt, eine neu konzipierte Dauerausstellung zur Geschichte von Firma und Familie Krupp.

VOM FACHWERKHAUS ZUR GRÜNDERZEITVILLA

Im Jahr 1811 war Essen eine unbedeutende Kleinstadt und wer behauptet hätte, dass sich dies bald durch eine soeben gegründete kleine Gussstahlfabrik ändern würde, wäre ausgelacht worden. Doch aus der unscheinbaren Werkstatt vor den Toren der Stadt wurde innerhalb eines halben Jahrhunderts die Weltfirma Krupp und aus Essen eine Großstadt. Keimzelle dieser Entwicklung ist ein ärmliches Fachwerkhaus, in dem Firmengründer Friedrich Krupp mit seiner Familie lebte. Sein Sohn Alfred, der Konzernbauer und eigentliche Schöpfer des Unternehmens, nannte es mit untrüglichem Gespür für die effektvolle

Selbstinszenierung „Stammhaus". Als Nachbau ist es bis heute zu besichtigen. Dieses erste bescheidene Haus und die imposante Villa Hügel könnten nicht gegensätzlicher sein und stehen doch in einem inneren Zusammenhang. Beide symbolisieren je auf ihre Weise den Mythos Krupp vom Aufstieg einer Industriellendynastie, der aus kleinsten Anfängen zur Weltgeltung führte.

Wer sich der hoch über dem Ruhrtal gelegenen Villa Hügel ohne Vorkenntnisse nähert, wird es zunächst kaum für das Haus eines Industriellen, sondern eher für das Schloss einer hochadeligen, vielleicht gar königlichen Familie halten. Auch dies ist selbstverständlich beabsichtigt. Alfred Krupp, der mit Königen und Staatsmännern auf gleicher Augenhöhe verkehrte, baute hier von 1870 bis 1873 keinen simplen Wohnsitz. Der geniale Exzentriker schuf sich auf der Höhe seines Daseins gleichsam noch einmal neu. Dies ging nicht ohne Verwerfungen ab, verstand sich Alfred Krupp doch als sein eigener und bester Architekt, der sich rücksichtslos in die Baudetails einmischte.

Erbaut von 1870 bis 1873

Die Folgen: Wegen der riesigen Repräsentationssäle, unpraktischen Zimmerfluchten und der für die damalige Zeit technisch ebenso anspruchsvollen wie anfälligen Klimatechnik war das Wohnen in den ersten Jahrzehnten nicht immer angenehm. Spätere Krupp-Generationen verstanden es, mit aufwändigen Holzvertäfelungen, Kassettendecken und künstlerischen Zutaten mehr Wohnlichkeit und Wärme zu schaffen.

Dennoch: Als die britische Besatzungsmacht, die die Villa Hügel nach dem Zweiten Weltkrieg für Verwaltungszwecke genutzt hatte, das Anwesen schließlich zurückgab, verzichtete die Familie Krupp von Bohlen und Halbach nicht ohne Grund auf einen erneuten Einzug und gab ihr Haus 1953 für Ausstellungen und zur Besichtigung durch die Öffentlichkeit frei. Dabei ist es bis heute geblieben.

Für Ausstellungen und zur Besichtigung durch die Öffentlichkeit frei ab 1953

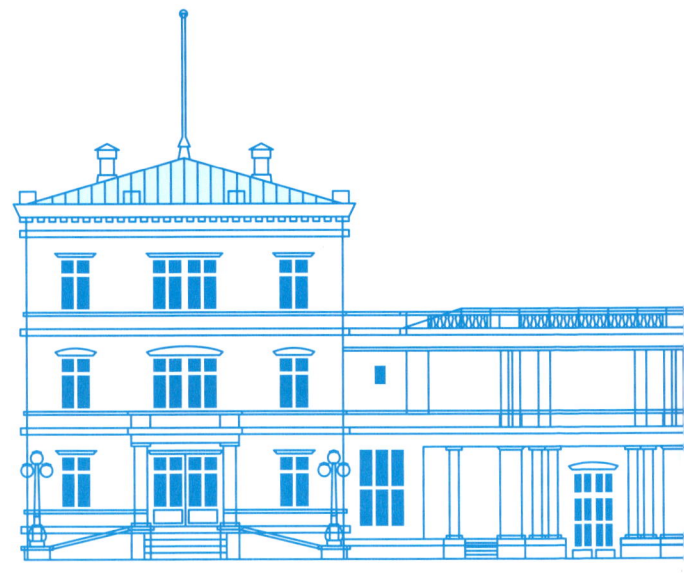

Villa Hügel
Hügel 1
45133 Essen
Tel.: 0201.61629-17
Web: www.villahuegel.de

Öffnungszeiten
Historische Wohnräume und Historische Ausstellung Krupp: täglich außer montags 10.00–18.00 Uhr
Hügel-Park: täglich, auch feiertags, 8.00–20.00 Uhr. /// Bei besonderen Anlässen bleibt die Villa Hügel geschlossen. Besuchern wird empfohlen, sich vorab telefonisch zu erkundigen, Tel.: 0201.61629-17.

Führungen:
nach Vereinbarung,
Tel.: 0201.61629-17,
Fax: 0201.61629-11
E-Mail: info@villahuegel.de

Service ← **VILLA HÜGEL** 55

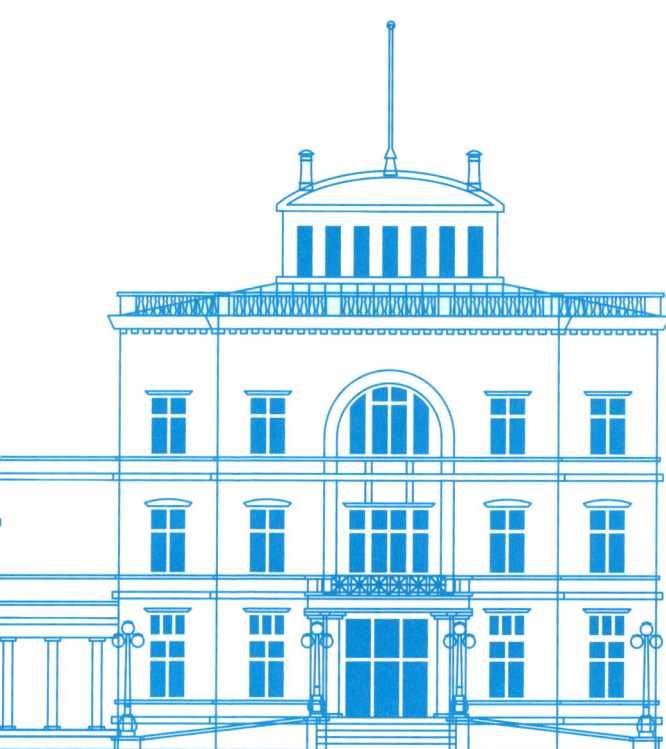

Anfahrt:
mit dem Auto: A 52 Ausfahrt Essen-Rüttenscheid, Beschilderung folgen /// A 40 Ausfahrt Essen-Zentrum, Beschilderung folgen

Weitere touristische Informationen:
Touristikzentrale Essen /// Am Hauptbahnhof 2 /// 45127 Essen /// Tel.: 0201.19433 und 0201.88720-46 (Hotels) Fax: 0201.88720-44 /// E-Mail: touristikzentrale@essen.de /// www.essen-tourismus.de /// Öffnungszeiten: montags bis freitags 9.00-17.30 Uhr, samstags 10.00-13.00 Uhr.

👁 HÜGELPARK

Das Gesamtkunstwerk Hügel wäre ohne eine Würdigung des weitläufigen Parks gänzlich unvollständig. Schon Alfred Krupp hatte damit begonnen, das Gelände um die Villa mit alten, verpflanzten Bäumen zu gestalten. Der Patriarch wollte noch zu Lebzeiten den Eindruck eines Waldparks genießen und nicht warten, bis kleine Setzlinge groß wurden. Alfreds naturwissenschaftlich interessierter Sohn Friedrich Alfred Krupp fügte später eine Fülle seltener und exotischer Gehölze und Pflanzen hinzu.

In den vergangenen 50 Jahren ist die rund 23 Hektar große Parkanlage nur noch behutsam verändert worden. Sparsam mit einigen Skulpturen und Denkmälern ergänzt, besitzt der sorgsam gepflegte Park etwas, das in öffentlichen Anlagen inzwischen selten geworden ist: eine großbürgerliche Aura, eine Atmosphäre der Ruhe und Kontemplation.

Heute erinnert der Hügelpark an einen Landschaftspark nach englischem Vorbild: Weite Rasenflächen wechseln mit imposanten Baumgruppen, verträumte Winkel mit kleinen Steilhängen. Immer wieder lenken Lichtungen und Blickachsen den Blick auf majestätische Bäume. Mehr als 7.000 Bäume stehen heute im Hügelpark.

Unter den über 120 Arten beeindrucken neben heimischen Gewächsen auch imposante Exoten wie ein nordamerikanische Amberbaum, eine japanische Sicheltanne und ein chinesischer Urwelt-Mammutbaum.

Die beiden Sphingen auf der Gartenterrasse des großen Hauses hatte Friedrich Alfred Krupp um 1900 bei dem Bildhauer Max Dennert im Auftrag gegeben. Wahrscheinlich hatte ihn seine Reise nach Ägypten dazu veranlasst.

Hügelpark /// Öffnungszeiten: täglich, auch feiertags, 8.00–20.00 Uhr

👁 PÖRTNERHÄUSCHEN

Die vier Zugänge zum Park und zur Villa Hügel hatte die Familie Krupp rund um die Uhr bewachen lassen. Jeder Besucher hatte am Pförtnerhaus einen Passierschein vorzuzeigen – eine Maßnahme, die dem Bedürfnis der Familie nach ungestörter Privatheit geschuldet war. Denn innerhalb weniger Jahre war die Einlasskontrolle in das „Paradies Hügel" zum Problem geworden – nicht nur durch die ständig wachsende Zahl der Bediensteten auf dem Hügel, die bis zum Jahr 1914 auf 650 angewachsen war. Auch immer mehr Essener Bürger trieb es aus den stickigen Stadtquartieren zum Spaziergang an die frische Luft auf den grünen Hügel. Deshalb hatte Friedrich Alfred Krupp 1896 in einem „Circular" genau geregelt, wer wann welchen Teil der Anlagen betreten durfte. So war es außer den Angestellten auch deren Familienangehörigen erlaubt, im Hügelwald spazieren zu gehen. Später erhielten auch pensionierte Meister aus der Gussstahlfabrik sowie Essener Stadtverordnete die begehrten Waldkarten. Zum „Passieren eines Tores" – also zu einem Spaziergang im Park der Villa Hügel, berechtigten diese jedoch nicht. Noch heute erinnern die vier original erhaltenen Pförtnerhäuschen an diese Prozedur. Jeder Besucher unterzieht sich ihr gerne, wirken doch die hübschen Pförtnerhäuschen wie Tore in eine wundersame Märchenwelt.

👁 SPATZENHAUS

Etwas versteckt unter großen Bäumen und hinter dichten Rhododendren liegt das so genannte Spatzenhaus. Friedrich Alfred Krupp hatte es 1894 als Spielhaus für seine Töchter Bertha und Barbara Krupp errichten lassen, die damals sieben und acht Jahre alt waren. Das winzige Fachwerkhäuschen mit Spielzimmer und voll funktionsfähiger Mini-Einbauküche wirkt wie eine begehbare Puppenstube und ist in seiner romantischen Gemütlichkeit ein echter Kontrast zur kühlen Pracht der Villa Hügel. In ihrem eigenen kleinen Haus haben die beiden Mädchen spielerisch ihre künftige Rolle als Gastgeberinnen gelernt: Das Gästebuch des Spatzenhauses verzeichnet neben Constantin, Kronprinz von Griechenland, auch Kaiser Wilhelm II. und Kaiserin Auguste Viktoria. Der Charme dieses verträumten Ortes wird noch durch den kleinen „Rotkäppchen-Brunnen" erhöht, den eine Szene aus dem Märchen der Brüder Grimm schmückt.

🔵 HISTORISCHE AUSSTELLUNG KRUPP

In den großbürgerlichen Räumen des ehemaligen Gästehauses der Villa Hügel wird nach umfassender, denkmalgerechter Sanierung seit 2007 die Neufassung der „Historischen Ausstellung Krupp" gezeigt. Das so genannte Kleine Haus diente von 1906 an der verwitweten Margarethe Krupp bis zu ihrem Tod 1931 als Wohnsitz.

Im Erdgeschoss präsentiert die Dauerausstellung die Geschichte der Familie und der Villa Hügel sowie die umfassende Fördertätigkeit der Alfried Krupp von Bohlen und Halbach-Stiftung. Hier erwartet den Besucher eine Fülle von Dokumenten, Fotos, Büsten und Pretiosen von immerhin sechs Generationen, die auch „Krupp-Anfängern" eine anschauliche Einführung in den Mythos Krupp ermöglichen. Die sorgsam ausgewählten Exponate zeichnen die Lebenslinien der Familienmitglieder nach und geben einen Eindruck von dem repräsentativen Leben auf dem Hügel, das zeitweise einem königlichen Hofstaat glich. Aber zu den Höhen des Industrieunternehmens gehören auch die Tiefen. Daher sind ebenso die Manschettenknöpfe aus

Draht zu besichtigen, die Alfried Krupp während seiner sechsjährigen Haft nach dem Zweiten Weltkrieg anfertigte.

Im Obergeschoss wird die bald zweihundertjährige Geschichte des Unternehmens Krupp epochenweise ausgebreitet – von den unternehmerischen Anfängen des Kaufmannssohns Friedrich Krupp im Jahr 1811, dem Aufstieg zum Weltunternehmen unter Alfred Krupp, über tiefe Wirtschaftskrisen, gesellschaftliche Umbrüche und mehrere Kriege bis zur Fusion mit Thyssen in der jüngsten Vergangenheit. Auch dem Krupp'schen Sozialsystem, das von Wohnungen über Unterstützungskassen, Schulen und Lebensmittelläden bis hin zu Freizeit-, Alten- und Krankeneinrichtungen reicht, ist ein Themenbereich gewidmet. In einem als Kino eingerichteten Raum besteht die Möglichkeit, historische Filme der Firma Krupp aus der Zeit zwischen 1928 und 1964 anzusehen.

Historische Ausstellung Krupp /// Kleines Haus der Villa Hügel /// Öffnungszeiten: täglich außer montags 10.00–18.00 Uhr. Führungen: In deutscher, englischer und französischer Sprache nach Voranmeldungen, Tel.: 0201.188–4837 und 61629–0.

SINNBILD DER ARBEIT

Die 1912 von Hugo Lederer als „Sinnbild der Arbeit" geschaffene Frauengestalt wurde anlässlich der Feier des 100-jährigen Firmenjubiläums in Auftrag gegeben und befand sich in der dafür eingerichteten Ehrenhalle im so genannten Turmhaus, bis 1976 das Hauptverwaltungsgebäude des Unternehmens Krupp. Die Frauengestalt hält in beiden Händen große Hörner, aus denen Früchte quellen. Auf einem Flachrelief zwischen ihren Füßen ist das Stammhaus als Sinnbild für Friedrich Krupp zu sehen. In dem ursprünglichen Aufseherhaus hatte der Unternehmensgründer während seiner letzten Lebensjahre gewohnt. 1976 wurde das Denkmal im oberen Terrassengarten der Villa Hügel aufgestellt.

Ein ausgezeichneter Führer durch die Geschichte des Wohnsitzes der Familie Krupp:
„Die Villa Hügel" von Renate Köhne-Lindenlaub, Berlin 2002.

HOTEL UND RESTAURANT PARKHAUS HÜGEL

Königinnen und hochrangige Staatsgäste haben in den Festsälen des traditionsreichen Gasthauses zwischen Hügelpark und Baldeneysee schon gespeist. Seit 2004 gehört es dem Essener Gastronomen Hans-Hubert Imhoff. Mit viel Respekt vor altem Parkett und Original-Holzvertäfelungen renoviert, zeigt sich das Fachwerkgebäude seit Anfang 2005 in neuem Glanz. Ursprünglich war das Haus 1870 als Betriebskantine errichtet worden – für all jene, die beim Bau der Villa Hügel beteiligt waren. Nicht-Kruppianer hatten auf Anweisung des Bauherren Alfred Krupp zunächst keinen Zutritt. 1890 übernahm sein Kammerdiener Ludger Fuhrkötter Verwaltung und Restauration der nun öffentlichen Gastwirtschaft „Bierhalle Hügel". Die Familie Imhoff, bereits in den 1920er Jahren „Hoflieferant" der Villa Hügel, pachtete die Gaststätte 1955 und nannte sie fortan „Parkhaus Hügel". Die Küche von heute ist ambitioniert und bringt regional geprägte Speisen auf den Tisch. Sommertags Gartenwirtschaft unter schattigen Kastanien mit Seeblick. Ambiente: repräsentativ-bürgerlich. Preise: gehoben. Das Hotel bietet 13 schöne Zimmer, ab 80 Euro.

Hotel und Restaurant Parkhaus Hügel /// Freiherr-vom-Stein-Straße 20 /// 45133 Essen
Tel.: 0201.247040 /// Web: www.imhoff-essen.de /// Öffnungszeiten: täglich ab 12.00 Uhr

HOTEL UND RESTAURANT MARGARETHENHÖHE

Ein feines Haus mit Geschichte und Charakter: Das fast 100 Jahre alte ehemalige Gasthaus zur Margarethenhöhe inmitten der idyllischen Gartenstadt Margarethenhöhe versteht sich als „Stützpunkthotel" der Route Industriekultur. Es hat sich besonders auf die Bedürfnisse von Geschäfts- und Kulturreisenden spezialisiert und bietet als Partnerhotel der RuhrTriennale besondere Packages und Serviceleistungen. Vor wenigen Jahren aufwändig saniert, präsentiert es sich heute als privat geführtes 4-Sterne-Hotel mit 30 geräumigen Zimmern, Tagungs- und Bletträumen, das Herkunft, modernen Komfort und Design zu verbinden sucht. So ist das historische Margarethenzimmer mit Originalbestuhlung und Wandtäfelung komplett erhalten und bietet einen anspruchsvollen Rahmen für verschiedenste Anlässe. Im modern gestalteten Restaurant stellen stählerne Gestaltungselemente Bezüge zur Ära von Kohle und Stahl her. Im hoch geschätzten Restaurant gibt's Küche à la carte. Preise: mittel bis gehoben.

Hotel und Restaurant Margarethenhöhe /// Steile Straße 46 /// 45149 Essen
Tel.: 0201.4386–0 /// Fax: 0201.4386–100 /// Web: www.hotel-margarethenhöhe.com
Öffnungszeiten Restaurant: täglich 12.00–14.00 Uhr sowie ab 18.00 Uhr.

HÜLSMANNSHOF

Ein Bild von einem Gasthaus: Der mächtige westfälische Fachwerk-Bauernhof, ein in Essen seltenes Relikt aus alten Zeiten, liegt zwischen einem Waldtal und der Gartenstadtsiedlung Margarethenhöhe. Früher, als der Hülsmannshof noch nach der Pächterfamilie Bauer Barkhoff hieß, war er das gutbürgerliche Ziel für den gepflegten Sonntagsbraten und die Kommunionfeier. Das ist es noch immer, auch wenn seit der Renovierung die alte, gereifte Atmosphäre unwiderruflich dahin ist. Dennoch ist der Hülsmannshof geeignet als Ausklang einer Tour über die Margarethenhöhe. Und wer seinen amerikanischen, japanischen oder französischen Freunden mal traditionelle deutsche Küche á la Gänsebraten mit Rotkohl und Klößen auftischen möchte, ist hier genau richtig. Sommertags plastikstuhlfreier, großer Biergarten. Preise: mittel. Publikum: von jung bis alt. Atmosphäre: gediegen.

Restaurant Hülsmannshof /// Lehnsgrund 14 a /// 45149 Essen-Margarethenhöhe Tel.: 0201.871250 /// www.restaurant-huelsmannshof.de /// Öffnungszeiten: täglich 11.00–24.00 Uhr.

JAGDHAUS SCHELLENBERG

In diesem Restaurant stimmt einfach alles: Lage, Aussicht, Service und natürlich auch das Essen. Der ehemalige Kotten Schellenberg liegt mitten im Wald in Essens schönem Süden und bietet den wohl besten Ausblick auf Baldeneysee und Ruhrtal. Das alte Fachwerkhaus von 1836 mitsamt Kachelofen und dicken Eichenbalken wurde vor ein paar Jahren durch einen modernen Anbau mit lichtem Wintergarten, Bar und umlaufende Holzterrassen ergänzt. Sommertags lockt ein malerischer Biergarten unter alte Bäume und an rustikale Tische, unkomplizierte Selbstbedienung inclusive. Auf der Gartenterrasse wird serviert: Je nach Tageszeit Kaffee und selbstgebackener Kuchen oder eine mediterrane Frischeküche. Im Winter gibt's im historischen Spiegelsaal vom Circus Roncalli die Dinnershow „Panem und Circenses". Publikum: angenehme Mischung aus bürgerlich, business und gutgelaunten Cabriofahrern. Preise: mittel bis gehoben.

Jagdhaus Schellenberg /// Heisinger Straße 170 a /// 45134 Essen-Stadtwald Tel.: 0201.437870 /// Web: www.jagdhaus-schellenberg.de /// Öffnungszeiten: 11.00 bis 01.00 Uhr (Küche bis 23.00 Uhr), montags Ruhetag.

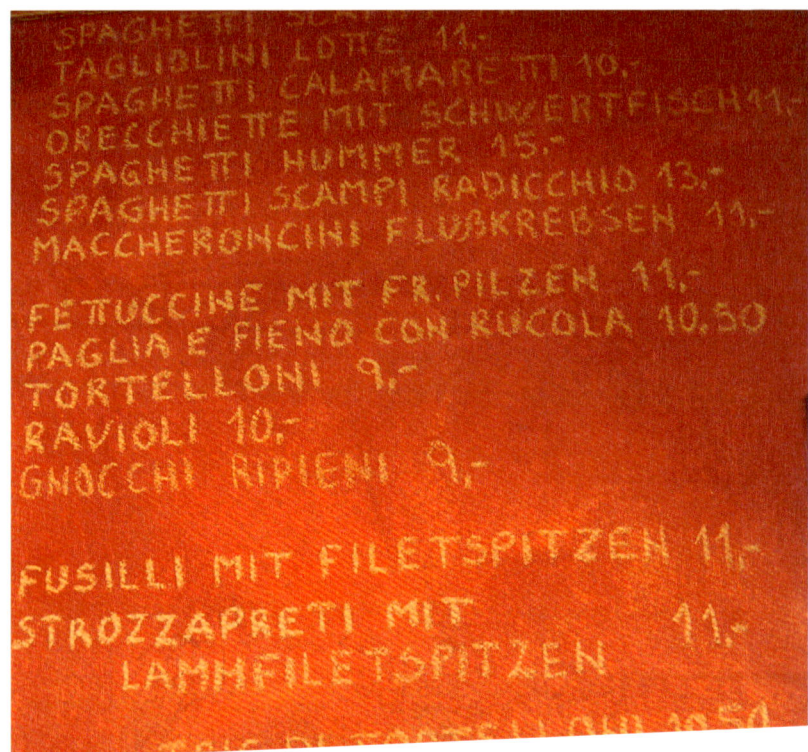

PALLADIO

Kleine, stilvolle und sehr beliebte Trattoria, die völlig ohne Deko-Firlefanz auskommt. Gutes Zeichen: Oft muss man an der Theke anstehen und auf einen Platz an den kleinen, hohen Tischen warten. Doch es lohnt! Geboten wird nicht nur die beste Pizza weit und breit; hier wird auch richtig gut gekocht. Auf einer Tafel stehen die Küchenspezialitäten neben den aktuellen Tagesangeboten. Die freundliche Bedienung übersetzt gerne und hilft bei der Auswahl zwischen Fisch, Fleisch und Pasta. Alles frisch, hausgemacht und auf den Punkt zubereitet. Publikum: sehen und gesehen werden. Atmosphäre: norditalienisch hell. Service: angenehm aufmerksam. Preise: mittel bis gehoben.

Palladio /// Rüttenscheider Straße 166 /// 45131 Essen /// Tel.: 0201.425656
Öffnungszeiten: dienstags bis sonntags 10.00–22.00 Uhr, montags Ruhetag.

TABLO

Türkisches Essen – schmackhaft, leicht und schnell serviert, dafür steht das Restaurant Tablo. Downtown zwischen großen Bürotürmen, direkt an der Auffahrt zur A40 zwischen Aalto Theater, Philharmonie und WAZ Konzern gelegen und dennoch weit mehr als eine Büropause wert. Auf der Karte stehen Gerichte von exotisch bis edel, deftig bis traditionell, alles frisch zubereitet und mit duftenden Aromen abgerundet. Vegetarier kommen mit Suppen und Gemüsegerichten genauso auf ihre Kosten wie Fans von Lamm und Fisch. Publikum: Je nach Tageszeit mischen sich Medienleute mit Künstlern, Büroangestellte mit Freunden der türkischen Küche. Das Ambiente überrascht durch aufgeklärte Sachlichkeit statt orientalischer Bauchtanz-Deko. Professioneller und im besten Sinne gastfreundschaftlicher Service. Preise: mittel.

Tablo Restaurant /// Huyssenallee 5 /// 45128 Essen-Südviertel /// Tel.: 0201.81195 85
www.tablo-restaurant.de

RESTAURANT HANNAPPEL

Dieser Weg lohnt! Das Hannappel in Essen-Horst an der Stadtgrenze zu Bochum zählt zu den besten Restaurants des Ruhrgebiets. Klein, fein und dabei völlig unprätentiös ist es eine Oase für Feinschmecker und Leute, die das Besondere lieben – vom gebratenen Brüstchen von der Bresse-Taube bis zum Carrée vom Weidelamm unter Kräutern über das Mille-Feuille von Seeteufel und Kohlrabi mit Kashmir-Curry. Wer sich nicht entscheiden kann, wählt das Überraschungsmenü für sensationelle 49 Euro mit drei Gängen und dazu passenden Weinen. Muss man betonen, dass alle hervorragend sind? Jedenfalls glänzt die Weinkarte durch eine Auswahl deutscher Spitzenweine, wie man sie in diesen Breitengraden nur selten findet. Als Knut Hannappel 1993 die Kneipe seiner Eltern übernahm und in ein Gourmet-Restaurant verwandelte, erklärten ihn nicht wenige für verrückt. Seitdem hat er mit wachsendem Erfolg den Spagat zur Gourmet-Küche geschafft. Bereits seit einigen Jahren zählt das Hannappel im Feinschmecker- und Genießerführer Gault Millot zu den besten 200 Restaurants ganz Deutschlands. Bei der jüngsten Renovierung des Gastraums sind alle Spuren der ehemaligen Eckkneipe zugunsten einer angenehm feinen und schlichten Atmosphäre für immer verschwunden – Strukturwandel pur. Dazu professioneller und zuvorkommender Service und bei ausgezeichnetem Preis-Leistungsverhältnis. Reservieren!

Restaurant Hannappel /// Dahlhauser Straße 173 /// 45279 Essen /// Tel.: 0201.534506
Web: www.restaurant-hannappel.de /// Öffnungszeiten: montags, mittwochs bis samstags 11.30–23.00 Uhr, sonntags 11.30–15.00 Uhr und 11.30–22.00 Uhr, dienstags Ruhetag.

STICHWORT: MYTHOS KRUPP

Das Ruhrgebiet hat eine ganze Reihe schwerindustrieller Großunternehmen hervorgebracht. Keines aber kann sich mit der Höhe des Ruhms, der Tiefe der Niederlagen und auch dem Glamour messen, der den Namen Krupp bis heute umfängt. Die Geschichte der Essener Traditionsfirma hat alle Zutaten einer Saga: Die Gründung aus kleinsten Anfängen, die schwierige Etablierung, der Aufstieg zum Konzern, der tiefe Fall nach den beiden Weltkriegen und der zweimalige Wiederaufstieg, den kaum jemand so für möglich gehalten hätte.

Mehr als 180 Jahre war Krupp als eigenständiges Unternehmen stets sehr eng mit der preußisch-deutschen Geschichte verbunden und wurde dafür auch in Mithaftung genommen. Über fünf Generationen – und damit ungewöhnlich lange – stand die Familie selbst an der Spitze der Firma, Menschen, die oft über erhebliches Charisma verfügten und die zu ihren Glanzzeiten sicher so etwas wie die erste Familie des Ruhrgebiets bildeten. Die Villa Hügel als Wohnhaus und Repräsentationsobjekt symbolisiert dies bis heute. All dies und der einzigartige Qualitäts-Nimbus, der den Krupp-Produkten nachgesagt wurde, hat der Firma zu einem Mythos verholfen, dem man noch heute auf dem Hügel, aber auch an anderen Orten in Essen nachspüren kann.

Dutzende von Wohnsiedlungen, Arbeiterwohnheime, Wohnhäuser für die kruppschen Beamten, Kindergärten, Erholungshäuser und das renommierte Alfried Krupp Krankenhaus, heute eines der führenden Krankenhäuser Deutschlands, spiegeln damals wie heute die lange Tradition der kruppschen Sozialfürsorge wider. Mitten in der Stadt Essen lag die „Krupp-Stadt", das riesige Werksgelände des Unternehmens mit Fabrikanlagen, Versorgungseinrichtungen, Verkehrswegen mit firmeneigenen Werksbahnen und Arbeitersiedlungen. Während der Hochphase der Industrialisierung gab es fast 20 Prozent der Essener Bevölkerung Beschäftigung. Von dem gigantischen Industrieareal ist durch die Zerstörungen des Zweiten Weltkrieges und der anschließenden Demontage allerdings kaum noch etwas erhalten.

Eines der wenigen erhaltenen Zeugnisse ist die 1901 fertiggestellte Halle der 8. Mechanischen Werkstatt. Sie liegt heute wie damals am Rande der Essener Innenstadt, nennt sich „Colosseum" und dient als Musical-Theater. Eine historische Stahlbrücke aus dem Jahr 1870, früher Teil der Werksbahn, verbindet es mit einem weiteren ausgedienten Werksgebäude, das als Parkhaus für das Möbelhaus Ikea genutzt wird. Die Brücke war das so genannte „Tor zur Kruppstadt", die täglich Tausende von Arbeitern auf dem Weg zur Schicht durchschritten. Das dahinter liegende 230 Hektar große Areal wird seit 1995 als „Krupp Gürtel" zu einem neuen Stadtteil mit einem Nutzungsmix für Wohnen, Arbeiten, Freizeit, Kultur und Erholung entwickelt.

Die Stadt Essen und die Firma bildeten viele Jahre lang eine untrennbare Einheit. Heute ist die Krupp-Stadt Essen für den weltweit operierenden Konzern, der 1999 mit dem Thyssen-Konzern zur ThyssenKrupp AG fusionierte, zu einem reinen Verwaltungsstandort geworden.

TOURTIPP: MUSEUM FOLKWANG

Krupp und Folkwang – diese beiden Namen prägen den Ruf der Stadt Essen als Kulturstadt bis heute. Bereits am 10. Mai 1953 fand im Großen Haus der Villa Hügel die erste von vielen hochkarätigen Kunstausstellungen statt. Das Datum markiert den Beginn einer engen Kooperation, die am 30. Januar 2010 mit der Eröffnung des Neubaus für das Essener Museum Folkwang ihren vorläufigen Höhepunkt fand. Für diesen Neubau hat die Alfried Krupp von Bohlen und Halbach-Stiftung als alleinige Förderin die Summe von 55 Millionen Euro bereitgestellt – als Geschenk an die Essener Bürger und als Andenken an Alfried Krupp, den letzten persönlichen Inhaber der Firma Krupp.

1953 hatte das Museum Folkwang auf dem Hügel, wie die Essener sagen, Kunstwerke aus Kirchen-, Museums- und Privatbesitz sowie aus dem Essener Münsterschatz gezeigt, dazu Gemälde und wertvolle Wandteppiche aus dem Besitz der Familie Krupp. 400.000 Besucher sahen diese Ausstellung – eine Rekordzahl sicher auch deshalb, weil der ehemalige Wohnsitz der Familie hier um ersten Mal für die Allgemeinheit zugänglich war. Auf Wunsch von

Museum Folkwang /// Museumsplatz 1 /// 45128 Essen Tel.: 0201.8845160 /// Web: www.museum-folkwang.de Öffnungszeiten: dienstags bis sonntags 10.00–18.00 Uhr, freitags 10.00–22.30 Uhr, montags geschlossen; bei Sonderausstellungen erweiterte Öffnungszeiten.

Bertha Krupp von Bohlen und Halbach und auf Anregung von Berthold Beitz, seit 1953 Generalbevollmächtigter des Firmeninhabers Alfried Krupp, war die Villa Hügel zuvor in eine Stiftung eingebracht worden. Neben repräsentativen Empfängen des Krupp-Konzerns wurde die Villa fortan vor allem für kulturelle Veranstaltungen genutzt. Die großen Kunstausstellungen sind bis heute legendär. Organisiert in Kooperation mit europäischen und außereuropäischen Ländern, zum Teil auch zusammen mit dem Museum Folkwang, sollten die Ausstellungen die Traditionen verschiedener Kulturkreise näher bringen – eine Art Völkerverständigung durch gegenseitigen Kunst- und Kulturaustausch. Passend zum Start in das Kulturhauptstadtjahr 2010 geschah das „Wunder von Essen", wie Direktor Hartwig Fischer die Eröffnung des neuen Museum Folkwang bezeichnete. Konzipiert von dem Architekten David Chipperfield entstand für die Folkwang-Sammlungen ein Museumsneubau, der internationalen Maßstäben gerecht wird. Vor allem auf die Wirkung des natürlichen Lichts wurde viel Sorgfalt gelegt. Der „Sauerstoff der Bilder" (O-Ton Fischer) fällt über bodentiefe Seitenfenster, Lichtdecken und verglaste Innenhöfe ein, um die Kunstwerke zur Geltung zu bringen.

Damit greift der Neubau architektonische Elemente aus dem weiter bestehenden denkmalgeschützten Altbau auf – jenem wegweisenden Bau, der um 1960 als erster deutscher Museumsbau der Nachkriegszeit im Stil der Klassischen Moderne entstanden war. Alt- wie Neubau gewähren eine Vielzahl spontaner Aus- und Einblicke und stehen für das Selbstverständnis des Museum Folkwang, nämlich ein für alle offener Ort der Kunst und kulturellen Bildung zu sein. Bei einem Rundgang kann man im Neubau Kunst des 20. und 21. Jahrhunderts sowie Wechselausstellungen sehen. Im denkmalgeschützten Altbau wird die Sammlung des 19. Jahrhunderts und der Klassischen Moderne präsentiert – darunter Werke der Wegbereiter der Moderne von Paul Cezanne, Paul Gauguin, Vincent van Gogh und Henri Matisse, die einst der Kunstmäzen Karl Ernst Osthaus für sein 1902 in Hagen gegründetes Museum Folkwang erworben hatte.

Bildung und Vermittlung
Großes Angebot für Kinder und Familien, Lehrer und Schüler, Jugendliche und Studierende.

Führungen und Veranstaltungen
Umfangreiches Programm für Erwachsene, darunter erstmals auch außerhalb der Sonderausstellungen ein Audioguide mit Beiträgen zu Werken der Sammlung 20. und 21. Jahrhundert sowie zur Architektur.
Infos: Tel.: 0201.8845444
E-Mail: info@museum-folkwang.de

Empfehlenswerte Gastronomie
Das Vincent & Paul hat sich innerhalb kürzester Zeit zur gefragtesten Restaurant-Location in Essen entpuppt:
Vincent & Paul /// Restaurant im Museum Folkwang /// Museumsplatz 1 /// 45128 Essen /// Tel.: 201.8845 888
Web: www.vincentpaul-folkwang.de
Öffnungszeiten: täglich 10.30–16.00 und 18.00–01.00 Uhr

TOURTIPP: DAS KARL-ERNST-OSTHAUS-MUSEUM UND DER HOHENHOF IN HAGEN

Nicht in Essen, sondern in der westfälischen Industriestadt Hagen ist der Ursprung des Museum Folkwang. Hier hatte der Bankierssohn und Kunstsammler Karl Ernst Osthaus (1874–1921) das Folkwang-Museum gegründet und 1902 mit Werken seiner Sammlung zeitgenössischer Kunst eröffnet, darunter Bilder und Skulpturen des französischen Impressionismus und des deutschen Expressionismus von Auguste Renoir, Paul Cézanne, Paul Gauguin, Vincent van Gogh über Franz Marc und Ernst Ludwig Kirchner.

Osthaus verstand sich als Mäzen und als Kunstvermittler. Den passenden Namen für seine kulturpädagogischen Ambitionen hatte er in der nordischen Mythologie gefunden, dort bedeutete Folkwang „Halle des Volkes". Osthaus entwickelte den „Folkwang-Gedanken", die Idee, dass Kunst und Leben versöhnbar seien, und hatte sich nichts Geringeres als die „Kultivierung der Industrieprovinz" auf die Fahnen geschrieben. Seine Utopie „Wandel durch Kultur – Kultur durch Wandel „ stand ein Jahrhundert später Pate für die erfolgreiche Bewerbung des Ruhrgebiets als Kulturhauptstadt Europas.

Während die Hagener die Kunstmission Osthaus' zu seinen Lebzeiten mehr oder weniger ignorierten, fand sein Folkwang-Museum als weltweit erstes

Museum für zeitgenössische Kunst internationale Anerkennung. Die einzigartige Kunstsammlung und mit ihr auch der Name wurde nach Osthaus Tod 1921 von dem neu gegründeten Folkwang-Museumsverein der Stadt Essen gekauft und 1922 mit dem Städtischen Kunstmuseum zum Museum Folkwang vereint.

Die Stadt Hagen hat den Verlust der Osthaus-Sammlung nie ganz verwunden. In einem Akt posthumer Ehrung wurde das historische Osthaus-Museum im Herbst 2009 nach grundlegender Sanierung zusammen mit dem neu gebauten Emil Schumacher Museum als Kunstquartier Hagen eröffnet.

Für die Museumseinrichtung des Hagener Folkwang-Museums hatte Osthaus seinerzeit den belgischen Architekten Henry van de Velde engagiert, der hier das erste öffentliche Gebäude Deutschlands im „Neuen Stil" schuf. Von 1906 bis 1908 errichtete van de Velde auch den Hohenhof – eine Villa, die heute zu den bedeutendsten Gebäuden der Stadt Hagen zählt.

Kontakt
Der Hohenhof
Stirnband 10
58093 Hagen-Eppenhausen
(Ausschilderung: Richtung Emst)
Tel.: 02331.2073129
www.osthausmuseum.de

Öffnungszeiten
samstags und sonntags 11 bis 18 Uhr

Von Anfang an weit mehr als nur der Wohnsitz von Osthaus und seiner Familie, spielt der Hohenhof für die europäische Jugendstilarchitektur eine wichtige Rolle. Die sehenswerte Villa ist eines der wenigen noch erhaltenen Beispiele für das Konzept „Gesamtkunstwerk": Möbel, Wanddekorationen und Bodenbeläge, Lampen, Stoffe und Geschirr entwarf van de Velde komplett aus einem Guss. Zudem ist das Haus erster Baustein der von Osthaus geplanten Künstlerkolonie „Hohenhagen".

In jenen Jahren zwischen 1900 und 1921 war die Stadt Hagen somit Schauplatz einer Entwicklung, die als „Hagener Impuls" in die Kunstgeschichte eingegangen ist. Der Hohenhof gilt heute als ein Zentrum der deutschen Reformbewegung, der von hier aus dem Jugendstil in Deutschland zum Durchbruch verhalf. Heute ist der Hohenhof eine Nebenstelle des Karl Ernst Osthaus-Museums und bietet Besuchern die Gelegenheit, dem aufgeschlossenen Geist jener bewegten Zeit nachzuspüren.

Kontakt
Kunstquartier Hagen
Museumsplatz 1
Hochstraße 73
58095 Hagen
Tel.: 2331.207–3138
www.osthausmuseum.de

Öffnungszeiten
dienstags bis freitags 10 bis 17 Uhr
samstag und sonntags 11 bis 18 Uhr

Empfehlenswerte Einkehr
Brasserie Novy's
Museumsplatz 2
58095 Hagen
Tel.: 02331.3061325
www.novys.de

Öffnungszeiten
montags bis freitags ab 10 Uhr,
samstags und sonntags ab 11 Uhr.

TOURTIPP: GARTENSTADT MARGARETHENHÖHE UND KRUPP-PRIVATFRIEDHOF

Über 150 Jahre war Essen schon durch die Allgegenwart der Industrieanlagen leicht als Krupp-Stadt zu erkennen. Heute zeugen einige Denkmäler, neu genutzte Werkshallen und viele Wohnsiedlungen von der einst überragenden Bedeutung der Firma. Zwei Touren sind besonders zu empfehlen.

Gartenstadt Margarethenhöhe

Die Margarethenhöhe war von Haus aus keine typische Werkssiedlung für Industriearbeiter, denn sie stand von jeher auch Bewohnern offen, die nicht bei Krupp tätig waren – allein dies war ein neuartiger Ansatz. Das von Margarethe Krupp, Witwe von Friedrich Alfred Krupp, beauftragte und finanzierte Wohnbauprojekt markiert in vielerlei Hinsicht den Höhepunkt des Kruppschen Siedlungsbaus und auch des sozialen Engagements der Firma. Auf idealtypische Weise wurde hier die Gartenstadtidee und Lebensreformbewegung umgesetzt, eine Bewegung, die als architektonischer Gegenentwurf zur gründer-

zeitlichen „steinernen Stadt" um 1900 auch in Deutschland populär wurde.

Die Margarethenhöhe, erbaut ab 1909, besticht durch ein abwechslungsreiches Straßennetz, lebendige Plätze und Spielräume für Kinder, eine durchgrünte Gesamtlage und angenehm unterschiedliche Häusertypen, wobei Architekt Georg Metzendorf zunächst eine „romantische", anheimelnde Architektursprache umsetzte, während er in späteren Bauphasen das eher sachliche „Neue Bauen" übernahm und weiter entwickelte. Doch egal, ob man die Ein- oder Mehrfamilienhäuser betrachtet, gleichgültig aus welcher Epoche sie stammen – prägend für die Margarethenhöhe ist eine Architektur mit menschlichem Maß, die nicht nur Fachleute aus aller Welt anzieht, sondern die „Höhe" bis heute zu einer überaus beliebten Essener Wohngegend macht. Konzipiert als Gesamtkunstwerk, ist die bis heute nahezu komplett erhaltene Siedlung ein Denkmal von europäischem Rang.

Zum Gelingen trug entscheidend bei, dass Metzendorf eine ganzheitliche Bau- und Wohnphilosophie vertrat, sich nicht auf die reine Bautechnik beschränkte, sondern den Stadtraum und das soziale Umfeld mitbedachte. Er kümmerte sich auch um vermeintliche Kleinigkeiten, entwickelte beispielsweise ein für damalige Verhältnisse revolutionäres Heizungs- und Sanitärsystem und entwarf zweck- mäßige Möbel, die ohne den zeittypischen Bombast auskamen. Letzteres setzte sich allerdings nicht durch. Eine Musterwohnung in der Stensstraße 25, in der all dies aus der Bauzeit erhalten ist, lässt sich nach Absprache besichtigen.

Führungen
„Schöner Wohnen in der Gartenvorstadt" – Das Modell Margarethenhöhe": 90-minütige Exkursion durch die Siedlung Margarethenhöhe und die historische Musterwohnung auf Anfrage
Tel.: 0201.8845200 (Ruhr Museum)

Empfehlenswerte Einkehr
Restaurant Margarethenhöhe und Hülsmannshof (siehe Seite 64).

Krupp-Privatfriedhof

Auf dem Krupp-Privatfriedhof, einem abgetrennten, jedoch in der Regel jedermann zugänglichem Areal innerhalb des öffentlichen Friedhofs Bredeney sind fast alle Familienmitglieder seit Alfred Krupp bestattet. Die Grabdenkmäler und Sarkophage sind nach dem jeweils herrschenden Zeitgeschmack monumental bis schlicht gehalten, alle aber zeugen vom Willen zur Repräsentation über den Tod hinaus. Deutlich wird auch hier der großbürgerliche Stolz einer Industriellendynastie, die über fünf Generationen einen Weltkonzern aufbaute und durch tiefgreifende Umbrüche steuerte. Noch heute sind Mitglieder der Familie Bohlen und Halbach unternehmerisch tätig, allerdings nicht mehr in der Stahlindustrie.

Anfahrt
Friedhof Bredeney
Westerwaldstraße 6
45133 Essen

MONTAGEHALLE FÜR DIE KUNST

Um 1900 waren es Glocken aus Gussstahl, mit denen der „Bochumer Verein für Bergbau und Gussstahlfabrikation" weltweit von sich reden machte. Mittelpunkt des Stahlwerks im Stadtteil Stahlhausen war immer schon die Gaskraftzentrale, genannt „Jahrhunderthalle": ein prächtiger, dreischiffiger Bau mit Basilika, Querschiff und spitzbogigen Fenstern, der eher an eine gotische Kirche erinnerte als an ein Produktionsgebäude der Schwerindustrie. Jahrzehntelang stampften hier riesige Maschinen und lieferten die Energie für die Gussstahlfabrik und angegliederte Werke.
Seit 2003 ist die 10.000 Quadratmeter große Halle ein modernes Festspielhaus und Hauptspielstätte der RuhrTriennale. Außen durch moderne, schlichte Anbauten wie Foyer und Künstlergarderoben ergänzt, wurde sie im Inneren komplett restauriert und mit aufwändiger Technik ausgestattet. In dem von der historischen Stahlkonstruktion geprägten Innenraum blieb der festliche, fast ein wenig sakrale Charakter und die über 100 Jahre alte Patina der Industriehalle erhalten. Auch die alten Kräne und Kranbahnen wurden sorgfältig restauriert und in das Bühnenkonzept integriert. Die Pläne für den Umbau hat das Düsseldorfer Architektenbüro Petzinka, Pink & Partner entwickelt.

Das ehemalige Werksgelände mit der Jahrhunderthalle mittendrin nennt sich heute Westpark. Es präsentiert sich als eine der wohl ungewöhnlichsten und sinnlichsten Parkanlagen im Ruhrgebiet: mit hohen Stelzenbrücken und geschwungenen Radwegen, blau beleuchteten Spazierwegen in Birkenwäldchen, Aussichtskanzeln, Wasserbecken, einer industriearchäologischen „Grabungsstelle", Spielplätzen und vielem mehr – eine ganz besondere und auch sehr gepflegte Grünlage, die die Macken und Spuren der industriellen Vergangenheit ästhetisch einbezieht und an den schönsten Stellen kunstvoll überhöht. Die Gelände nahe der Bochumer Innenstadt lag nach der Werksschließung viele Jahre lang brach und wurde im Rahmen der Internationalen Bauausstellung (IBA) Emscher Park (1989–1999) als zentrales städtebauliches Projekt beispielhaft saniert, indem Natur, Kultur und industrielle Vergangenheit miteinander verbunden wurden. Heute ist der Westpark über eine spektakuläre Brückenkonstruktion, die so genannte „Erzbahnschwinge", an das regionale Radwegenetz angebunden. Für die Bewohner der umliegenden Wohnquartiere ist ein ansehnliches, stilles Naherholungsgebiet mitten in der Stadt entstanden, das zu jeder Jahreszeit zu Spaziergängen und Touren mit dem Rad einlädt.

EIN SCHATZ VON DER WELTAUSSTELLUNG

Gebaut 1902, entworfen vom „Bochumer Verein für Bergbau und Gussstahlfabrikation"

Die Geschichte der Bochumer Jahrhunderthalle beginnt in Düsseldorf. 1902 als Pavillon für die Düsseldorfer Industrie- und Gewerbeausstellung gebaut, diente sie zunächst als Ausstellungshalle. Der Entwurf stammte aus dem Baubüro des „Bochumer Verein für Bergbau und Gussstahlfabrikation", das 1842 von dem Schwaben Jacob Mayer und dem Hamburger Eberhard Kühne gegründet worden war. Mayer erfand 1850 den Stahlformguss, eine wichtige Voraussetzung für die Konstruktion von Stahlprodukten.

Werbewirksam präsentierte man in der Ausstellungshalle eine 50 Meter lange Schiffswelle, geschmiedete Maschinenteile und natürlich Gussstahlglocken, die den weltweiten Ruf des Bochumer Vereins begründet hatten. Die luftig anmutende, damals hochmoderne Stahlkonstruktion, ist architekturhistorisch eines der ersten Beispiele für einen rein zweckbestimmten Ingenieurbau – obwohl die Halle in Form und Dekoration noch heute Assoziationen an Kirchenbauten weckt und vornehme Festlichkeit verströmt. Die sonst übliche Stütztechnik mit Balkenbindern wurde hier erstmals durch auf bis zum Boden durchgezogene stählerne Bogenbinder ersetzt. Von außen hingegen war die Halle mit Gips und Stuck verziert.

Nach Ende der Gewerbeausstellung wurde die Stahlkonstruktion der Halle wie geplant demontiert und 1903 in Bochum auf dem Gelände des Bochumer Vereins zwischen Werksbahn und Hochofenanlage wieder aufgebaut. Hier diente sie nicht mehr der Repräsentation, sondern als Gaskraftzentrale für die Hochöfen im Gussstahlwerk.

Im Laufe der Jahre wurde die Halle wieder und wieder erweitert, bis sie ihre heutige Größe von 158 Metern Länge, 34 Metern Breite und 21 Metern Höhe erreicht hatte. In der wirtschaftlichen Blütezeit des Werkes um 1938 waren hier bis zu 16.500 Arbeiter beschäftigt. Die Jahrhundertglocke der Frankfurter Paulskirche (1948) und die Gussstahlglocke für die Weltfriedenskirche in Hiroshima (1952) stammen aus Bochum. Mit der Stilllegung des letzten Hochofens Ende der 1960er Jahre wurden die Maschinen in der Halle demontiert. Bis 1991 diente sie als Lager und Werkstättengebäude der Krupp Stahl AG. In diesen Jahren entdeckte der Dirigent Eberhard Kloke die Jahrhunderthalle erstmals für konzertante Aufführungen und legte damit den Grundstein für die spätere Nutzung.

Stilllegung des letzten Hochofens Ende der 1960er Jahre

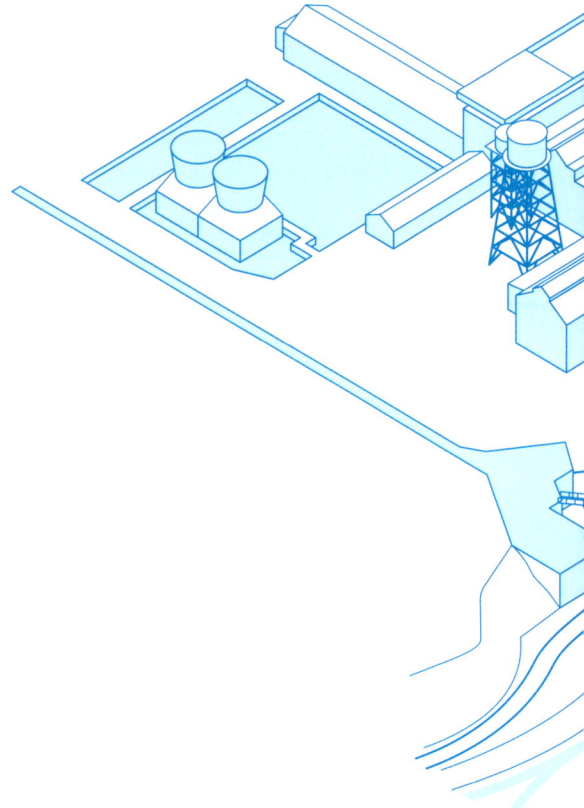

Jahrhunderthalle Bochum
An der Jahrhunderthalle 1
44793 Bochum

Führungen
Führungen auf Anfrage: Bochum Marketing
GmbH/Touristinfo /// Huestraße 9 ///
44787 Bochum /// Tel.: 01805.260234
Web: www.visit-bochum.de

Veranstaltungen und Vermietung
Bochumer Veranstaltungs-GmbH
Viktoriastraße 10 /// 44787 Bochum
Tel.: 0234.61 03 0 /// Fax: 0234.6103349
Web: www.jahrhunderthalle-bochum.de

Anfahrt
Mit dem Auto:
A 40 Abfahrt Bochum Stahlhausen (32),
Beschilderung „Stahlhausen/Jahrhundert-
halle" folgen. An der Kreuzung Wattenscheider Straße/Gahlensche Straße dem
Parkplatzsymbol „Jahrhunderthalle"
folgen. Von hier aus ca. 5 Minuten Fußweg
zur Halle

Service ← **JAHRHUNDERTHALLE**

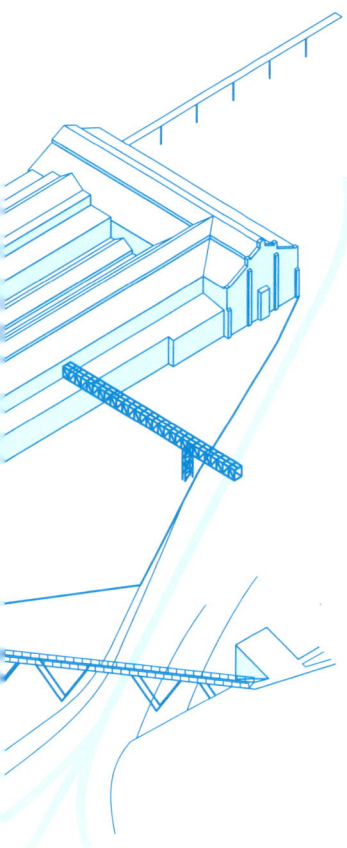

Mit dem öffentlichen Nahverkehr:
Ab Bochum Hbf mit der Straßenbahnlinie 302 (Richtung Gelsenkirchen-Buer) oder 310 (Richtung Bochum-Höntrop bis Haltestelle „Bochumer Verein/Jahrhunderthalle", dann über die Freitreppe in Richtung Westpark.

Weitere touristische Informationen
Touristinfo Bochum /// Huestraße 9 /// 44787 Bochum /// Tel.: 01805-26 02 34 /// E-Mail: info@bochum-tourismus.de /// Web: www.visit-bochum.de /// Öffnungszeiten: montags bis freitags 09.00-18.00, samstags 10.00-16.00 Uhr

👁 WESTPARK

Eine ganz eigene Ästhetik entfaltet dieser sehr schöne und ungewöhnliche Park, der in den letzten Jahren nach und nach auf dem ehemaligen Werksgelände rund um die Jahrhunderthalle entstand. In den Jahrzehnten zwischen 1842 und Mitte der 1980er Jahre ist das Areal insgesamt sieben Mal komplett überbaut worden: Schicht für Schicht, einem „Troja des Industriezeitalters" ähnlich, entstand dabei eine terrassenartige Landschaft mit zwei Höhenschichten und Sprüngen von jeweils zehn Metern. Ganz oben standen ehemals Stahlwerk und Hochöfen. Die Jahrhunderthalle selbst liegt auf niedrigerem Höhenniveau wie in einem Krater im Zentrum des Geländes.

Wo auch immer der Besucher den Park betritt, gelangt er auf einem teilweise beleuchteten Rundweg, über Brücken,

Rampen und Treppen auf die Hochebene des Parks, wo sich von einer Art „Belle Etage" der Blick auf die Jahrhunderthalle auftut. Ein beschauliches Birkenwäldchen auf dem Hochplateau, weite, offene Spielflächen, geschwungene Rad- und Fußwege, gepflegte Rasenflächen, neu gestaltete Wasserbecken mit schönen hölzernen Liegeflächen laden zum Entspannen: Seele baumeln lassen, einfach mal nur in den Himmel gucken und die Zeit vergessen.

🍴 CAFFÉ ZENTRAL

Eigentlich ist das Caffé Zentral auch Bar und Restaurant, weshalb ist das Ecklokal immer der richtige Ort für eine kleine Rast ist. Mitten in der Stadt und zwei Gehminuten vom Hauptbahnhof entfernt, erinnert das Zentral mit seinen hohen Decken, großen Fenstern und dem schlichten Holzfußboden an ein klassisches Stadtlokal in Paris. Gute Stimmung, freundliche Bedienung, Speisen und Getränke von durchgehend guter Qualität, Publikum gemischt.

Caffè Zentral /// Luisenstrasse 15–17 /// 44787 Bochum /// Tel.: 0234.68 65 64 Öffnungszeiten: montags bis donnerstags 9.00 bis 1.00, freitags und samstags 9.00 bis 3.00, sonntags 10.00 bis 24.00 Uhr.

🍴 GASTRONOMIE IM STADTPARK

Ein gepflegtes Traditionshaus mitten im ältesten Stadtgarten des Ruhrgebiets. Das edle Restaurant serviert Spezialitäten der neudeutsch-westfälischen Küche auf Feinschmecker-Niveau. Moderne, elegante Atmosphäre, im Sommer ist die schöne Terrasse geöffnet.

Gastronomie im Stadtpark /// Klinikstraße 41–45 /// 44791 Bochum
Tel.: 0234.507090 /// Web: www.stadtpark-gastronomie.de
Öffnungszeiten: dienstags bis sonntags 11.30–14.30 und ab 18 Uhr

ŸŸ LIVINGROOM

Mit 450 Quadratmetern das wohl großzügigste „Wohnzimmer" mitten in der Bochumer Innenstadt – Bar, Lounge und Speiserestaurant in einem. Zu Recht mehrfach ausgezeichnete Internationale Küche mit deutlichen Asien-Anklängen: Im vorderen Bereich ist „Casual Dining" angesagt, im hinteren an großen, runden, weiß eingedeckten Tischen the „Fine Dining". Riesenauswahl an Weinen, Bier (Fiege in allen Variationen), Cocktails und Zigarren. Atmosphäre: gepflegte Entspannung in durchgestyltem Metropolen-Stil. Service: wohltuend freundlich und aufmerksam; Publikum: jung und gemischt. Preise: mittel bis gehoben. Tischreservierung empfehlenswert.

Livingroom /// Luisenstraße 9–13 /// 44787 Bochum /// Tel.: 0234.9535685 Web: www.livingroom-bochum.de /// Öffnungszeiten: montags bis donnerstags 11.00–1.00 Uhr, freitags und samstags 11.00–3.00 Uhr, sonntags 18.00–1.00 Uhr.

🍴 CAFÉ TREIBSAND

Seit über 30 Jahren eine Institution in der Bochumer Kneipenszene – das Treibsand ganz in der Nähe des Bochumer Stadtparks. In den siebziger Jahren ein ziemlich schräger Künstlertreff, ist die Atmosphäre heute ein klein wenig gezähmter, hat aber den Hang zu Extravaganzen nicht verloren.

Neben italienischem Kaffee gibt's Tee mit frischer Minze, Milch- und Saftshakes, Eisbecher und kleine Speisen vom Zwiebelkuchen bis zu diversen Suppen. Gelegentlich Aktionen, Ausstellungen, (Musik-)Veranstaltungen.

Café Treibsand /// Castroper Str. 79 /// 44791 Bochum /// Tel.: 0234.593410 /// Web: www.cafetreibsand.de /// Öffnungszeiten: montags bis samstags 9.00 bis 01.00 Uhr, sonntags 10.00 bis 01.00 Uhr.

🍴 EISCAFÉ SAN MARCO

Hier gibt's das beste Eis im ganzen Ruhrgebiet. Die Traditions-Eisdiele direkt gegenüber vom Bochumer Hauptbahnhof existiert bereits seit 1962. Pietro Mansutti hat das Eiscafé San Marco von seinem Vater übernommen – übrigens einer der ersten norditalienischen Einwanderer der Stadt, und natürlich auch die Rezepte für die inzwischen mehr als 40 verschiedenen Eissorten. Nach der jüngsten Renovierung ist das Ambiente ein wenig „stylischer" geworden. Tipp: die hausgemachte Cassata. Am besten im Sommer, wenn Stühle und Tische unter großen Sonnenschirmen draußen stehen.

Eiscafé San Marco /// Huestraße 4 /// 44787 Bochum /// Tel.: 0234.15117
Web: www.san-marco-bochum.de

🍴 STICKS

Japanische Sushi-Bar mit kühler, strenger Eleganz mitten im Bermuda-Dreieck in der Bochumer Innenstadt. Küchenchef Lee Ki-Han gehört zu den wenigen Itamaes Deutschlands und darf auch den giftigen Kugelfisch zubereiten. Neben den traditionell japanischen Sushis kommen auch die kalifornischen Sushi-Spielarten mit Avocado und Krebsfleisch auf den Tisch. Preise: mittel bis gehoben.

Sticks /// Viktoriastraße 59 /// 44787 Bochum /// Tel.: 0234.684406
Web: www.sticks-bochum.de /// Öffnungszeiten: dienstags bis sonntags 12.00–15.00 Uhr und 18.00–24.00 Uhr; montags Ruhetag.

༠༠༠ PARKSCHLÖSSCHEN

Restaurant, Bar, Biergarten wie aus dem Bilderbuch und Empfehlung für alle, die nach dem Besuch des nahen Bergbaumuseums gut einkehren möchten. Das denkmalgeschützte Traditionshaus aus der Gründerzeit steht im schönsten Viertel der Stadt am Bochumer Stadtpark. Hierhin geht und ging man nicht, um sich die Kante zu geben, sondern der „gehobenen Bierkultur" wegen. Den Gast empfängt ein großer, schmucker Schankraum mit bodentiefen Fenstern und allerlei Jugendstil-Ornamenten. Wer's etwas ruhiger mag, sitzt im klassisch-schönen Gesellschaftsraum. Im Ausschank: das feine Bochumer Fiege, und zwar das ganze Programm von Alt über Schwarzbier, Gründer hell bis Fiege frei. Pils vom Fass. Dazu gibt's Deftiges, und was der freundliche Service an den Tisch bringt, schmeckt wirklich köstlich – von der westfälischen Kartoffelsuppe mit Croutons und Mettwurst über Schnitzel Wiener Art mit Zitrone, saisonales Wildgulasch bis zu Muscheln Toskana. Übrigens: der Chef kocht hier höchstselbst. Und wer mag, kann ihm dabei sogar zusehen. Preise: moderat. Publikum: von Jung bis Alt.

Parkschlösschen /// Bergstraße 65 /// 44791 Bochum /// Tel.: 0234.581440
Web: parkschloesschen-bochum.de /// Durchgehend warme Küche täglich ab 12.00 Uhr.

🍴 PROFI-GRILL

Sterne-Koch Raimund Ostendorp zelebriert hier die hohe Schule der deutschen Imbiss-Klassiker – von „Curry, Pommes Schranke" über „Kurts Frikadellen" bis zum Putensteak mit Spiegelei und Bohnensalat. An der Wand hängt eine Urkunde „Für die besten Pömmes der Welt" – ausgestellt von der „Gilde der Wurstwissenschaftler". All das spricht für sich: Die vier Tische in der kleinen Frittenschmiede sind fast immer voll besetzt. Auch Ministerpräsidenten und der Vorstand von ThyssenKrupp gehören zur Kundschaft, kommen allerdings nicht selbst rein, sondern schicken den Chauffeur für ein halbes Hähnchen zum Mitnehmen. Der Profi-Grill ist ein Muss für alle, die das Ruhrgebiet und die Essgewohnheiten seiner Bewohner wirklich kennen lernen wollen. Nach dem Besuch der Jahrhunderthalle einfach nicht auf die A 40 Richtung Dortmund oder Essen auffahren, sondern etwa zwei Kilometer weiter geradeaus den Straßenbahnschienen auf der Wattenscheider Straße folgen, die in Wattenscheid Bochumer Straße heißt. Profi-Tipp: nach dem Imbissbesuch unbedingt die Kleider lüften!

Profi-Grill /// Bochumer Straße 96 /// 44886 Bochum-Wattenscheid /// Tel.: 02327.82361
Web: www.profi-grill.de /// Öffnungszeiten: täglich 11:00–22:00 Uhr.

DÖNNINGHAUS

Für viele die beste Currywurst des Ruhrgebiets. Der Imbisswagen steht mitten im Bochumer Bermuda-Dreieck neben dem Union Kino. Die rote Sauce kann man übrigens auch in der gleichnamigen Fleischerei käuflich erwerben und zuhause zu den selbst gegrillten Würstchen reichen!

Dönninghaus /// Kortumstraße 16 /// 44787 Bochum /// Öffnungszeiten: täglich rund um die Uhr.

SPEISEKAMMER

Eine besondere Art der „kulturellen Gastronomie" und nicht nur mittags ein echter Geheimtipp. Im Foyer der Kammerspiele des Schauspielhauses Bochum ist selbstverständlich das Sehen und Gesehen werden angesagt; Aber hier kann quasi nebenbei auch das trumpfen, was auf den Teller und ins Glas kommt. Die Speisekarte wechselt monatlich und bietet eine Auswahl überwiegend leichter, mediterraner Gerichte zu moderaten Preisen – von Pasta über Vegetarisches bis zu Fleisch- und Fischgerichten. Sehr empfehlenswerte Weine.

Speisekammer /// Königsallee 15 /// 44787 Bochum /// Tel.: 0234.3333244
Web: www.in-der-speisekammer.de. /// Öffnungszeiten: montags bis freitags 12.00 bis 01.00, samstags 18.00 bis 01.00, sonntags 17.00 bis 01.00 Uhr.

🛏 COURTYARD BY MARRIOTT BOCHUM STADTPARK

Wie ein modernes, kleines Schlösschen liegt das 4-Sterne-Hotel direkt am historischen Stadtpark der Stadt. 106 großzügig und komfortabel ausgestattete Zimmer bieten einen Verwöhnaufenthalt der Luxusklasse. Mit hoteleigenem Restaurant, Bar und Bistro wird das Angebot abgerundet. Das Hotel ist bequem über die Autobahnen sowie mit öffentlichen Verkehrsmitteln zu erreichen und liegt nur 4 km von der Spielstätte Jahrhunderthalle entfernt. Als Partnerhotel der RuhrTriennale bietet das Courtyard spezielle Arrangements und Services. Übernachtung pro Person inkl. Frühstück und Ticket: ab 89 Euro. Buchungen telefonisch oder per E-Mail direkt über das Hotel, Stichwort: Ruhrtriennale.

Courtyard by Marriott Bochum Stadtpark /// Klinikstraße 43–45 /// 44791 Bochum
Tel.: 0234.8 93 95 55 /// E-Mail: reservierung@courtyard-by-marriott-bochum-stadtpark.de
Web: www.courtyardbochum.de

ART HOTEL TUCHOLSKY

Geschmackvoll eingerichtetes Szene-Hotel in zentraler Lage mitten im Kneipen-Viertel Bochums gelegen. Das Schauspielhaus Bochum ist von hier aus fußläufig in fünf Minuten zu erreichen, die Jahrhunderthalle per Straßenbahn in etwa der gleichen Zeit. Jedes Zimmer ist mit klassischem oder progressivem Wohndesign und zeitgenössischer Kunst individuell eingerichtet – und ist in diesem Sinne eine vorübergehende Heimat in einem bewohnbaren, behaglichen Gesamtkunstwerk. Preise: ab 59 Euro. Das Frühstück im angeschlossenen Café Tucholsky gibt's übrigens bis 18.00 Uhr und zählt zu den Bochumer Legenden.

Art Hotel Tucholsky /// Luisenstraße 15–18 /// 44787 Bochum /// Tel.: 0234.96436-0
Web: www.art-hotel-tucholsky.de.

CAFE TUCHOLSKY

Das zum Art Hotel gehörende Hauscafe trägt seit mehr als Jahrzehnten den Namen des berühmten Berliner Schriftstellers und Publizisten Kurt Tucholsky und gilt als Place to be für alle, die im weitesten Sinne „Kulturschaffende" sind. Noch heute ist das ehemalige Stammlokal von Peter Zadek und seiner legendären Theatertruppe Treffpunkt von Schauspiel-Promis und Dramaturgen, Journalisten und PR-Leuten. Kein Wunder, denn von hier aus ist man in ein paar Minuten zu Fuß im Schauspielhaus – jener legendären Bochumer Kultureinrichtung, die lange zu den bedeutendsten deutschsprachigen Bühnen zählte.
Jedenfalls stammt wohl aus dieser Zeit das Langschläferfrühstück (bis 18:00 Uhr!) und die wirklich imposante Auswahl an Tageszeitungen und Magazinen. Alles in allem ist das im Art Deco-Stil eingerichtete Café-Restaurant für Ruhrgebietsverhältnisse angenehm großstädtisch und ein guter Ort, um unter dem Motto „sehen und gesehen werden" die Zeit zu vertrödeln. Im hinteren Bereich führt ein offener Durchgang zum Restaurant Tapas – eine kleine spanische Oase mitten in Bochum.

Cafe Tucholsky /// Viktoriastraße 73 /// 44787 Bochum /// Tel.: 0234.96436-0
www.cafe-tucholsky.de

STICHWORT: RUHRTRIENNALE – MUSEN IN MASCHINENHALLEN

Unheimliche Orte waren das: Jene rumpelnden und zischenden Vorhöllen mit ihren riesenhaften Maschinen. Heute sind die Fabrikhallen Denkmäler und stille Zeitzeugen des Industriezeitalters, gefragte Kulissen und Spielorte für Kunst und Kultur. In Zechen, Hütten und Kokereien finden Konzerte und Ausstellungen statt, rezitieren Künstler Texte von Kafka und Heinrich von Kleist. Seit 2002 widmet sich die RuhrTriennale dem Experiment, mit kontrastreichen Inszenierungen Hochkultur zu schaffen – Pflichttermine für Kulturtouristen, die zwischen nacktem Mauerwerk und Maschinen den Wandel des gebeutelten Reviers bestaunen. Die Idee kam an: Unter Leitung des Gründungsintendanten Gerard Mortier war die Triennale von Beginn an ein Publikumserfolg. Am 30. April 2003, 100 Jahre nach ihrer Errichtung als Gaskraftzentrale, wurde aus der Bochumer Jahrhunderthalle die „Montagehalle für die Kunst".

Stichwort ← **JAHRHUNDERTHALLE**

In den 1990er Jahren war die Nutzung von Industriehallen für Kultur und Hochkultur nach und nach salonfähig geworden. Geradezu wegweisend hatte das Festival „Musik im Industrieraum" auf das Wechselspiel zwischen klassischer Musik und Architektur gesetzt. Die Konzerte in der damals noch nicht sanierten Jahrhunderthalle Bochum fanden im wahrsten Sinne des Wortes Anklang, denn das Publikum war gleichermaßen neugierig auf die Kunst wie auf die Orte selbst. Erstmals hatte man bei diesen Anlässen Gelegenheit, die jahrzehntelang nicht zugänglichen Arbeitsstätten zu betreten und als „Fabriksaal" neu zu erleben. Dabei waren die Veranstaltungen nicht selten Expeditionen in ein Abenteuer: Hallen ohne jegliche Heizung oder gar Garderoben muteten Künstlern wie Besuchern ein Höchstmaß an Idealismus, Erfindungsreichtum und Großmut ab. Geliebt wurden sie wohl gerade deswegen.

Heute erfüllen die Hauptspielorte der RuhrTriennale – die Jahrhunderthalle Bochum, die Zeche Zollverein in Essen, der Landschaftspark Duisburg-Nord und die Maschinenhalle Zeche Zweckel in Gladbeck – höchste Standards, ohne dabei ihren industriellen Charme verloren zu haben. Die RuhrTriennale, gefördert mit Mitteln der Landesregierung NRW, der Europäischen Union sowie Partnern aus der Wirtschaft, wurde innerhalb kürzester Zeit ein erfolgreiches Stück Strukturwandel und zugleich Teil der neuen Ruhrgebiets-Identität. Für den dritten Triennale-Zyklus von 2009 bis 2011 konnte Willy Decker als künstlerischer Leiter gewonnen werden.

Informationen und Programm:
www.ruhrtriennale.de

TOURTIPP 1: ZECHE HANNOVER – EINE BURG FÜR DEN BERGBAU MIT „ZECHE KNIRPS"

Industriemuseum Zeche Hannover
Günnigfelder Straße 251
44793 Bochum
Tel.: 0234.6100-874
Web: www.zeche-hannover.de

Öffnungszeiten
April bis Oktober:
mittwochs bis samstags 14.00–18.00 Uhr
sonn- und feiertags 11.00–18.00
Gruppen ganzjährig nach Vereinbarung

Aus der Ferne erinnert sie an eine Festung: die Zeche Hannover mit dem wehrhaften Malakowturm. Die Anlage, zu der ursprünglich zwei Türme gehörten, entstand 1857 mitten auf einem Acker. Die Malakowtürme sind gemauerte Fördertürme und typisches Merkmal für die ersten Tiefbauzechen im mittleren Ruhrgebiet.

Benannt nach dem Wohnsitz ihres Gründers Carl Horstmann im damaligen Königreich Hannover, wechselte die Zeche Hannover 1872 ihren Besitzer: Der Essener Industrielle Alfred Krupp kaufte sie, um seine Gussstahlfabrik mit hochwertiger Kohle versorgen zu können. Mit dem Kauf der Nachbarzeche Hannibal sowie der neuen Schachtanlage Hannover III baute Krupp die Anlage um 1900 mit Kraftwerk und Kokerei zur Großzeche aus. Aus dem bäuerlich geprägten Landstrich wurde Betriebsgelände; um das Bergwerk herum entstanden Werkskolonien und Siedlungen mit kleinstädtischer Infrastruktur für die zugewanderten Arbeiter und deren Familien.

Das Bergwerk selbst wurde ein Zentrum für Bergbautechnologie: 1888 entwickelte Zechendirektor Friedrich Koepe hier das später weltweit eingesetzte System der Koepe-Förderung mit der ersten Turmfördermaschine.

Anfahrt
mit dem Auto:
A 40, Abfahrt Bochum-Hamme, B 226 Dorstener Straße Richtung Herne-Eickel, 3. Kreuzung links Richtung Wattenscheid, Magdeburger Straße, Edmund-Weber-Straße, Hordeler Straße in Eickel und Günnigfelder Straße bis Museumsparkplatz.
mit öffentlichen Verkehrsmitteln:
Von Bochum Hbf. Bus 368 Richtung Wanne-Eickel, von Wanne-Eickel Hbf. Bus 368 Richtung Bochum, Haltestelle „Hannoverstraße". Fußweg über die Hüllerbachstraße bis zum Zechengelände ca. 300 Meter. Von Herne Bf. Bus 390 Richtung Bochum, von Wattenscheid Bf. Bus 390 Richtung Herne, Haltestelle „Röhlinghauser Straße"; Fußweg entlang der Günnigfelder Straße ca. 400 Meter.
mit dem Fahrrad:
Emscher Park Radweg

Führungen
zu verschiedenen Themen
für Gruppen ganzjährig,
jederzeit nach Voranmeldung.
Anmeldung:
Tel.: 0234.6100–874

Im Zuge der Bergbaukrise seit 1958 wurde der Schacht II der Zeche Hannover zunächst zum zentralen Förderschacht aller Bochumer Bergwerke ausgebaut, 1973 auch sie als letztes Bochumer Bergwerk stillgelegt. Nach dem Abriss der Betriebsgebäude im Jahr 1979 blieben nur die ältesten erhalten – ein Malakowturm mit Maschinenhalle sowie das Grubenlüftergebäude. Seit 1981 wurde das Industriedenkmal in Trägerschaft des Landschaftsverbandes Westfalen-Lippe restauriert, ab 1995 war es zunächst behelfsmäßig zugänglich. Sehenswert ist vor allem die ehemalige

Maschinenhalle mit der aufwändig restaurierten dampfgetriebenen Fördermaschine aus dem Jahr 1893, die bei sonntäglichen Schauvorführungen in Gang gesetzt wird. Die Halle mit umlaufendem aufgemalten Wandfries, grau-weißem Kachelboden und stählernen Rundbogenfenstern wird für kleinere Ausstellungen genutzt, die sich insbesondere mit sozio-kulturellen Aspekten der Region wie der Geschichte der Zuwanderung auseinander setzen.

Kies statt Kohle – das Kinderbergwerk auf der Zeche Hannover.
Zeche Knirps bietet alles, was zu einer richtigen Zeche gehört – nur kleiner: Förderanlage, Schacht, Stollen, eine Lorenbahn

Biergarten Zeche Hannover
Öffnungszeiten von April bis Oktober samstags 14.00–18.00 Uhr, sonntags 11.00–18.00 Uhr

Kontakt:
Detlef Wilke
Tel. 0173 5351596
E-Mail: info@gastronomie-zeche-hannover.de
Internet: www.gastronomie-zeche-hannover.de

und selbst einen Malakowturm. Dafür wird keine Kohle, sondern Kies gefördert. Und zwar in einer Fördertechnik, die 1876 auf der Zeche Hannover vom damaligen Zechendirektor entwickelt wurde und die noch heute weltweit im Bergbau eingesetzt wird. Auf eigene Faust oder im Rahmen des museumspädagogischen Programms können Kinder hier eine „Schicht" einlegen und ganz nebenbei spielerisch lernen, dass über und unter Tage ohne Teamarbeit nichts läuft. Verschiedene pädagogische Angebote richten sich an Schulklassen und Kindergruppen im Alter von 6 bis 12 Jahren.

Buchungen und weitere Informationen:
Zeche Knirps
Industriemuseum Zeche Hannover
Günnigfelder Straße 251
44793 Bochum
Tel.: 0234.6100-874
Web: www.zeche-hannover.de

Öffnungszeiten
April bis Oktober
samstags 14.00–18 Uhr
sonntags 11.00–18.00 Uhr
Schulklassen und Kindergartengruppen nach Vereinbarung
Eintritt frei

Krupp'sche Kappeskolonie
Rund um die Zeche Hannover, die in der Mitte des 19. Jahrhunderts auf der grünen Wiese entstand, errichteten die Bergwerksgesellschaften Wohnraum für die Bergleute: 1864 entstand die Kolonie Hannover, 1872 die Eickeler Kolonie. Nach dem Ausbau zur Großzeche beauftragte Alfred Krupp ab 1907 den Architekten Robert Schmohl mit dem Bau der Kolonie Dahlhauser Heide, im Volksmund gerne „Kappeskolonie" genannt, weil die Bergleute in ihren Gärten bevorzugt Kappes – Kohl – anbauten. Nach dem Vorbild der englischen Gartenstadt entstand bis 1915 eine riesige Werkssiedlung im Heimatstil mit 339 Doppelhäusern, geschwungenen Straßen und einer zentralen Parkanlage. Stilistisch orientierten sich die Häuser an westfälischen Bauernhäusern: Eine fachwerkähnliche Fassade und tief heruntergezogene Dächer verliehen der Siedlung einen dörflichen Charakter. Große Gärten entsprachen den Lebensgewohnheiten der vor allem aus ländlichen Regionen von Hessen, Ostpreußen, Schlesien und Polen zugewanderten Bergmannsfamilien, sich selbst zu versorgen. Mit zwei Geschäften, so genannten Konsumanstalten, einer Bierhalle, zwei Kindergärten und zwei Schulen verfügte die Siedlung über eine eigenständige Infrastruktur. Ende der 1970er Jahre wurde die Siedlung Dahlhauser Heide unter Denkmalschutz gestellt.

TOURTIPP 2:
DEUTSCHES BERGBAU-MUSEUM BOCHUM – INKLUSIVE GRUBENFAHRT INS ANSCHAUUNGSBERGWERK

Wer noch nie untertage war, kann es hier nachholen und einfahren: Das Anschauungsbergwerk im Untergrund des Deutschen Bergbau-Museums ist die besondere Attraktion und in seiner Art einzigartig. Hautnah können die Besucher bei einer Grubenfahrt erleben, wie es in einem Bergwerk unten „vor Kohle" zuging, wie in Hitze, Dunkelheit und stickiger Luft das schwarze Grubengold gewonnen wurde. Auf einem Streckennetz von rund 2,5 Kilometern Länge kann man sich ein anschauliches Bild vom Steinkohleabbau in der Vergangenheit und Gegenwart machen – von der harten Handarbeit vor hundert Jahren bis zu heutigen High-Tech-Verfahren.

Nach der Grubenfahrt bietet sich eine Fahrt auf die Aussichtsplattform des Fördergerüstes an. Von dem weithin sichtbaren Wahrzeichen des Bergbau-Museums überrascht in 60 Metern Höhe ein Blick über die von Herbert Grönemeier heiser besungene „Perle des Reviers" Bochum. Das Fördergerüst stammt übrigens von der Zeche Germania in Dortmund-Marten, denn einen Pütt gab es an dieser Stelle nie.

Ausstellungen im über Tage-Bereich des Museums eröffnen Einblicke in die ganze Welt des Bergbaus. Zahlreiche Originalmaschinen und Geräte können die Besucher selbst in Gang setzen. Sie gehören zu dem einmaligen und reichen Sammlungsbestand des Museums, das neben technischen auch umfangreiche mineralogische und (kunst-) historische Gegenstände umfasst.

Das Deutsche Bergbau-Museum Bochum zählt mit fast 400.000 Besuchern pro Jahr zu den meist besuchten Museen der Bundesrepublik. Es ist das bedeutendste Bergbaumuseum der Welt und zugleich ein renommiertes Forschungsinstitut für Montangeschichte.

Kontakt
Am Bergbaumuseum 28
44791 Bochum
Info-Tel.: 01805 877234 (kostenpflichtig)
Web: www.bergbaumuseum.de

Öffnungszeiten
dienstags bis freitags:
8.30–17.00 Uhr
samstags, sonntags und feiertags:
10.00–17.00 Uhr
montags geschlossen
Letzte Grubenfahrt: 15.30 Uhr

Führungen
dienstags bis donnerstags 8.30–15.30 Uhr und freitags von 8.30–13.15 Uhr.
Gruppen und Schulklassen
nach Anmeldung
Tel.: 0234.5877–146 oder
Fax: 0234.5877–111

Anfahrt
mit dem Auto:
A 40 Abfahrt Bochum-Innenstadt, dann der Beschilderung folgen
mit öffentlichen Verkehrsmitteln:
Bahnlinie U 35 bis Haltestelle Bergbau-Museum

KOKEREI HANSA DORTMUND

Riesenmaschine als Erlebnis-Skulptur

RIESENMASCHINE ALS ERLEBNIS-SKULPTUR

Eine „begehbare Großskulptur", die faszinierende Einblicke in die Geschichte der Schwerindustrie des vergangenen Jahrhunderts bietet – das ist die 1992 stillgelegte Kokerei Hansa heute. 1928 in Betrieb genommen, war die Großkokerei ein wichtiger Teil in der Verbundwirtschaft der Dortmunder Montanindustrie. Die riesige Maschinerie bezog von den benachbarten Zechen die Steinkohle und lieferte den daraus produzierten Koks und das Kokereigas an Dortmunder Hüttenwerke. Darüber hinaus wurden aus dem Gasgemisch, das bei der Verkokung entstand, wichtige Grundstoffe für die chemische Industrie gewonnen. Über 6.800 Menschen arbeiteten hier in Spitzenzeiten Ende der 1950er Jahre.
Seit 1998 stehen die wichtigsten Produktionsbereiche der Kokerei unter Denkmalschutz. Der Standort wird von der Stiftung Industriedenkmalpflege und Geschichtskultur betreut, die im ehemaligen Verwaltungsgebäude der Kokerei auch ihren Sitz hat.
Heute kann die Kokerei Hansa auf dem Erlebnispfad „Natur und Technik" besichtigt werden: Geboten werden authentische Einblicke in den Ablauf der Produktion und die Arbeitsbedingungen auf der Kokerei. Der Weg führt hoch

hinauf auf den „Kohlenturm mit Panoramablick" und zum Herzstück der Kokerei, den Ofenbatterien. Hier wurde einst bei über 1.000 Grad Steinkohle zu Koks „gebacken" – 60 Jahre lang, ohne Unterbrechung, in drei Schichten rund um die Uhr. An einigen Stationen des Erlebnispfades können Besucher authentische Betriebsgeräusche und Geschichten ehemaliger Arbeiter hören.
Als Juwel der Anlage gilt die imposante Kompressorenhalle mit den fünf riesigen Gaskompressoren aus der Gründerzeit der Kokerei.
Der besondere Reiz des Industriedenkmals besteht in dem Miteinander von Architektur, Technik und Natur. Denn seit der Stilllegung erobert die Natur ihr Terrain zurück. Neben bekannten Gewächsen wie Birken und Sommerflieder haben sich hier auch Exoten aus Flora und Fauna angesiedelt – vielfältige Industrie-Natur auf einem scheinbar lebensfeindlichen Standort.
Besucher können das Denkmal an Feiertagen und Wochenenden auf dem Erlebnispfad besichtigen, für Kinder wird eine spezielle Entdeckungsreise angeboten. An der Fahrradstation der Kokerei Hansa können Räder ausgeliehen werden.

HANSA: GROSSKOKEREI IM VERBUND

Hansa – schon die Namensgebung versprach wirtschaftlichen Aufschwung. Denn Hansa klang wie Hanse – jener mittelalterlicher Wirtschafts- und Transportverbund, zu dem auch die alte Hansestadt Dortmund gehörte. Am Anfang war die Zeche Hansa, 1869 wurde die erste Kohle gefördert, 1895 entstand die erste Kokerei und eine Benzolfabrik.

1895 entstand die erste Kokerei und eine Benzolfabrik

In den Krisenjahren nach dem ersten Weltkrieg kam für die Kohle- und Stahlindustrie im Ruhrgebiet der erste ernste Einschnitt: Nach amerikanischem Vorbild sollte auch die deutsche Wirtschaft durch Konzentration und Rationalisierung angekurbelt werden. Vor diesem Hintergrund entstand 1928 die Kokerei Hansa als eine von insgesamt 17 Großkokereien. Sie sollten unrentabel gewordene Kleinanlagen ersetzen und den enormen Bedarf der Hüttenwerke decken, die den Koks für die Erzeugung von Roheisen brauchten. In Spitzenzeiten wurden auf Hansa täglich bis zu 5.200 Tonnen Koks produziert.

Die zeitweise größte Kokerei des Ruhrgebiets war Mittelpunkt einer Verbundwirtschaft: Sie bezog die zu verkokende Steinkohle von den benachbarten Zechen, lieferte den Koks an das nahe gelegene Hüttenwerk Dortmunder Union, erhielt von dort Hochofengas zum Beheizen der Koksöfen und lieferte ihrerseits das hochwertige Kokereigas an Industrie und Haushalte. Gleisanlagen, Gasleitungen und das Fördergerüst der 1980 stillgelegten benachbarten Zeche Hansa zeigen diesen Zusammenhang noch heute.

In Spitzenzeiten täglich bis zu 5.200 Tonnen Koks

Der Architekt Helmuth von Stegemann und Stein hat die Gebäude der Kokerei Hansa klar nach dem Produktionsablauf geordnet und in einer sachlich-funktionalen Architektur gestaltet. Im Wesentlichen sind zwei Produktionsbereiche zu unterscheiden, die sich entlang zweier parallel laufender Werksstraßen erstrecken. Auf der „schwarzen Seite" befinden sich die Anlagen für die Koksproduktion. Herzstück dieses Bereiches ist die rund 550 Meter lange Koksofenreihe. Auf der „weißen Seite" befinden sich die Anlagen für die Gewinnung von Nebenprodukten und die Aufbereitung des Kokereigases.

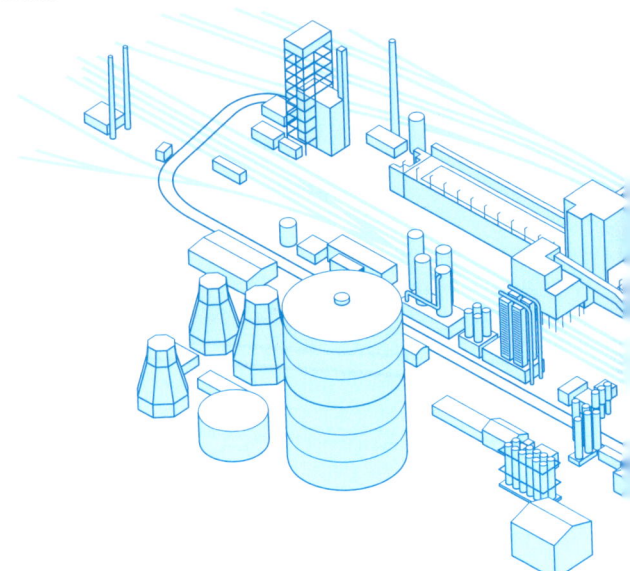

Kokerei Hansa
c/o Stiftung Industriedenkmalpflege und
Geschichtskultur des Landes NRW
Emscherallee 11
44369 Dortmund-Huckarde
Tel.: 0231.931122–33
Web: www.industriedenkmal-stiftung.de

**Öffnungszeiten Infopunkt
und Revierrad-Verleih:**

April bis Oktober: dienstags bis sonntags
und feiertags 10.00–18.00 Uhr.
November bis März: dienstags bis sonntags
und feiertags 10.00–16.00 Uhr.

Die Kokerei ist zu den Öffnungszeiten in
Teilbereichen mit Audioguide (deutsch,
französisch, englisch, niederländisch)
zu besichtigen. Es gibt auch einen Audioguide für Kinder. Eine Gesamtbesichti-
gung ist nur im Rahmen von Führungen
möglich.

Offene Führungen:
April bis Oktober: donnerstags 14.00 Uhr,
freitags 21.00 Uhr, samstags 14.00 und
16.00 Uhr, sonn- und feiertags 11.00 Uhr,
14.00 und 16.00 Uhr.
November bis März: donnerstags 14.00 Uhr,
freitags 20.00 Uhr, samstags 14.00 Uhr,
sonn- und feiertags 11.00 und 14.00 Uhr

5 Euro/Person
Kinder unter zwölf Jahren kostenlos.
Dauer: max. 2 Stunden. Anmeldung nicht
erforderlich. Kinderführungen auf Anfrage
Anmeldungen: Tel 0231.93112233,
E-Mail: info@industriedenkmal-stiftung.de

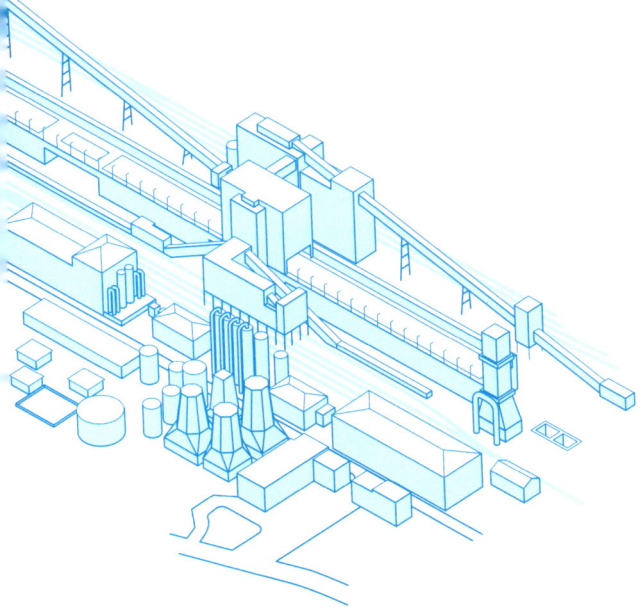

Altkokerführung: (April bis Oktober) Jeden 1. Sonntag im Monat 11.00 Uhr.
Fotoführung für Hobbyfotografen (April bis Oktober) Jeden 1. Sonntag im Monat 15.00 Uhr.
Kinderführung (April bis Oktober) Jeden 1. Sonntag im Monat 14.00 Uhr.
Familienführung (April bis Oktober) Jeden 2. Sonntag im Monat 14.00 Uhr.

Anfahrt:
mit dem Auto: A 2 Abfahrt Dortmund Mengede, dann weiter Richtung Dortmund. A 45 Abfahrt Dortmund Huckarde/Hafen, auf der Schnellstraße Richtung Dortmund, Abfahrt Huckarde, links in Richtung Mengede, ab hier Beschilderung folgen.
mit dem öffentlichen Nahverkehr: ab Dortmund HBF Linie U 47, Richtung Westerfilde bis Haltestelle Pasevalstraße, zu Fuß in Richtung Mailohstraße (ca. 7 min.)
mit dem Fahrrad: Emscher Park Radweg
Weitere touristische Informationen:
RUHR.VISITORCENTER Dortmund /// Dortmunder U /// Brinkhoffstraße 4 /// 44137 Dortmund /// Tel.: 0231.5029450 /// E-Mail: rvc@stadtdo.de /// Web: www.dortmund-tourismus.de /// Öffnungszeiten: montags bis samstags 10.00–18.00 Uhr, sonn- und feiertags 10.00–14.00 Uhr.

👁 KOMPRESSORENHALLE

Die Besucherattraktion schlechthin ist die Halle mit den fünf dampfgetriebenen Kompressoren aus den 1920er und 1930er Jahren; die riesigen Maschinen haben das bei der Koksproduktion entstehende hochwertige Kokereigas verdichtet, bevor es ins Ferngasnetz eingespeist wurde. Nach umfassender Restaurierung zeigt sich die Halle seit Anfang 2005 in neuem Glanz. Auch einer der fünf historischen Kompressoren wurde wieder in Gang gesetzt. Die Halle gilt als technikhistorisches Highlight und ist deutschlandweit nur mit der Gebläsehalle im saarländischen Weltkulturerbe „Völklinger Hütte" vergleichbar. Besichtigungen sind im Rahmen einer offenen Führung möglich.

👁 LICHTINSTALLATION

Auch zur stimmungsvollen „blauen Stunde" kann die Kokerei Hansa besichtigt werden. Möglich macht das eine Lichtinstallation, die die Band- und Becherwerksbrücken, den Sorten- und Kohlenturm wie auch die Kohlenbunker in strahlendes königsblaues Licht taucht. Besucher können das abendliche Areal auf dem Erlebnispfad im Rahmen einer Nachtlichtführung erkunden. An der höchsten Stelle kann man den Abendhimmel und das nächtliche Dortmund-Panorama genießen. Taschenlampe nicht vergessen!

SIEDLERKLAUSE

Hört sich nach normaler Vorstadtkneipe an – ist aber ein kleiner Gourmet-Tempel. In dem „etwas anderen" Restaurant im Dortmunder Norden kocht Küchenmeister Jan Möllmann höchstpersönlich. Man bekommt alles bei ihm, nur keine Speisekarte. Gegessen wird nämlich, was er eingekauft hat, tagesfrisch, immer nur das Beste. Zum Beispiel eine feine Paprikasuppe, anschließend ein Zanderfilet und zum guten Schluss ein – nein, das soll eine Überraschung bleiben! Achtung: Bewirtung ausschließlich nach Voranmeldung. Alle Menüs mit passenden Weinen, ab 60 Euro.

Siedlerklause /// Maienweg 60 /// 44229 Dortmund-Brechten
Voranmeldung: Tel.: 0231.105717 oder 0172.6816924 /// Web: www.janmoellmann.de.

SISSIKINGKONG

Wilder Ort im rauen Dortmunder Norden: Die ehemalige Hafenkaschemme gehört zu den ausgefallensten Restaurants im Ruhrgebiet. Atmosphärisch zwischen szenigtrendiger 1970er Jahre-Lounge und Club angesiedelt, wird in einem hinteren Speiseraum an Tischen mit weiß gestärktem Tischleinen gespeist – vornehmlich leichte Pastaküche und frische Sommersalate. Preise: moderat. Publikum: wild gemischt.

SissiKingKong /// Landwehrstraße 17 /// 44147 Dortmund /// Tel.: 0231.7282578
www.sissikingkong.de /// Öffnungszeiten: dienstags bis sonntags ab 18.00 Uhr (reservieren!)

LA CUISINE D'ART MANGER

Stilvoll speisen – nach diesem Rezept schwingen WDR-Koch Mario Kalweit und Team den Kochlöffel. Eine ehemalige Tennisclubvilla bietet den eleganten Rahmen für ausgesuchte Gaumenkitzel. Preise: gehoben. Ambiente: eine Mischung aus kühl, hell und „mediterran".

La cuisine d'art manger /// Lübkestraße 21 /// 44141 Dortmund /// Tel.: 0231.5316198
Web: www.artmanger.com

🍴 SUBROSA

Im „Röschen" treffen sich die Fans der Borussia, um alle Spiele ihrer Mannschaft zu verfolgen – von Bundesliga bis Champions-League, Uefa-Cup bis EM und WM. Live und auf Großbildleinwand, immer wieder samstags. Sollte der BVB sonntags spielen, wird am Samstag Nachmittag ein Spiel nach Röschen-Wahl gezeigt (Wünsche werden je nach Stimmungslage berücksichtigt). Dabei ist das Röschen nach eigenem Bekunden ein Ort der Toleranz: Fans anderer Clubs sind herzlich willkommen. Zur Fachsimpelei gibt es selbstverständlich jede Menge Bier, aber auch gepflegte Heißgetränke vom Espresso classico italiano bis zum Cortado gehen über den Tresen. Der Hunger wird mit Kleinigkeiten wie Tomatencremesuppe oder exotischen Tagliatelle jamaikana in Zitronen-Sauce gestillt. Außer Fußball gibt es gute Unterhaltung in der Reihe „Lebendig auf der Bühne" mit Poetry Jam und anderen Kleinkunstdarbietungen. Atmo: friedlich-szenig; Preise: günstig; Publikum: von bunt bis borussig.

Subrosa /// Gneisenaustraße 56 /// 44147 Dortmund /// Tel.: 0231.820807
Web: www.hafenschaenke.de /// Öffnungszeiten: montags bis samstags ab 18.00 Uhr

LANDHOTEL JAMMERTAL

An der Grenze zum Münsterland gelegen, bietet das exklusive First-Class-Hotel völlig abseits von Hektik, Verkehr und Industriekultur absolute Ruhe und jede Menge frische Luft. Das Gebäude steht in einer schönen Parkanlage mit herrlich altem Baumbestand mitten im Naturpark Haard und wird seit 170 Jahren von der Familie Schnieder als Familienbetrieb geführt. Das hauseigene Restaurant bietet feine Frischeküche. Sommertags kann man es sich auf der schönen Terrasse gut gehen lassen. Ein moderner Wellnessbereich rundet das Wohlfühl-Angebot ab. Ambiente: modern bis ländlich-gediegen. Übernachtungspreise: ab 89 Euro.

Landhotel Jammertal /// Redderstraße 421 /// 45711 Datteln-Ahsen /// Tel.: 02363.3770 Web: www.jammertal.de.

🛏 EMBEDO HOSTEL

Einfach, aber mit Stil übernachten – das geht in Dortmunds einzigem Backpacker Hostel. Das Haus liegt ruhig und doch zentral im beliebten Dortmunder Kreuzviertel in Sichtweite der Westfalenhalle und bietet eine wunderbare Mischung aus gut und günstig. Insgesamt 13 Zimmer auf zwei Etagen mit insgesamt 50 Betten sind im Angebot, vom Doppelzimmer mit oder ohne eigenem Bad bis zum geräumigen 6-Bett-Zimmer für eine Großfamilie. Ein gemütlicher Wohn- und Leseraum, ein Speisezimmer und eine Gemeinschaftsküche runden das Angebot für die Gäste aus aller Welt ab. Außerdem steht ein Spiel- und Kickerzimmer zur Verfügung, damit auch bei schlechtem Wetter keine Langeweile aufkommt. Ambiente: einfach schöne Gestaltung; Preise: zwischen 19 und 31 Euro, Frühstück auf Anfrage.

emBedo Hostel /// Lindemannstraße 78 /// 44137 Dortmund /// Tel.: 0231.86 02 440
www.embedo.de

STICHWORT: DIE EMSCHER – VON DER KLOAKE ZUM NAHERHOLUNGSGEBIET

Kaum ein deutscher Fluss hat eine so wechselvolle Geschichte durchlaufen wie die Emscher. Keiner ist von Menschen so einschneidend verändert worden, dass er in den 1920er Jahren sogar aus der Liste der natürlichen Flüsse gestrichen wurde. Und viel mehr noch als die Ruhr ist die Geschichte der Emscher mit der industriellen Geschichte des Ruhrgebiets verbunden. Heute ist der Umbau des gut 80 Kilometer langen Emschersystems von der Quelle bei Holzwickede südlich von Dortmund bis zur Mündung in den Rhein unter dem Stichwort „Neues Emschertal" ein Zukunftsprojekt der Region. Die Emscher – das war ein kleiner, gewundener Wasserlauf mit zahlreichen Mühlen und Wehren, bekannt für seinen Fischreichtum. Zu einem wahren „Höllenfluss" des Reviers wurde er im späten

19. Jahrhundert. Die eingeleiteten Abwässer der boomenden Montanindustrie und der schnell wachsenden Städte konnten nicht mehr abtransportiert werden, überschwemmten bei Hochwasser immer wieder ganze Stadtteile und verwandelten das nördliche Ruhrgebiet um 1900 in ein wasserwirtschaftliches Notstandsgebiet. Ruhr und Cholera grassierten. Nach Jahren hygienischer Katastrophen entstand per Sondergesetz 1904 die Emschergenossenschaft als Zwangsgenossenschaft aller Abwasserverursacher. Bis heute ist sie das regionale Unternehmen für Abwasserentsorgung und -klärung aus Industrie und Haushalten im Ruhrgebiet.

Um einen geregelten Abfluss herzustellen, begann die Emschergenossenschaft kurz nach der Jahrhundertwende mit dem Ausbau der Emscher und ihre Nebenläufe zu einem System offener Abwasserkanäle – im Volksmund „Köttelbecken" genannt, um eine sichere und schnelle Abwasserableitung zu gewährleisten. Der Bau unterirdischer Abwasserkanäle war infolge bergbaubedingter Bodensenkungen so gut wie unmöglich. Im Laufe der Jahre zwängte man die Emscher in ein schmales Betonbecken und deichte sie ein. Obwohl zu dieser Zeit bereits Kläranlagen und Pumpwerke gebaut wurden, war der Name Emscher jahrzehntelang Synonym für eine stinkende, schmutzige Kloake.

Ende der 1980er Jahre fiel die Entscheidung für einen grundlegenden Umbau des Emschersystems zu einem renaturierten Gewässersystem mit unterirdischen Abwasserkanälen. Neben der ökologischen Dimension – das Wasser der Emscher wird nach und nach wieder blau – kommen auch städtebauliche und wirtschaftliche Komponenten dazu. Heute entsteht entlang der Emscher das „Neue Emschertal", das ganze Wohngebiete und Stadtteile aufwertet, neue Lebensqualität und Entwicklungsperspektiven für das nördliche Ruhrgebiet bringt – ein Generationenprojekt.

Weitere Informationen:
Web: www.emschergenossenschaft.de
Interessante Einblicke bringt eine Radtour auf dem Emscher-Weg, siehe TourTipp auf Seite 126

TOURTIPP 1: EMSCHER-WEG
EXPEDITION VON DER QUELLE BIS ZUR MÜNDUNG

Eine Fahrrad-Expedition entlang der Emscher ist inzwischen zu einem Freizeitvergnügen geworden. Denn der neu und gut ausgebaute Weg führt an einem Flüsschen entlang, das schon längst nicht mehr müffelt. Meistens jedenfalls. Gleichzeitig bietet solch eine Tour auch Gelegenheit, die Region aus einer anderen Perspektive zu entdecken: Imposante Deiche, idyllische Auen, aber auch Industriekulissen säumen den Weg. Den insgesamt 106 Kilometer langen Emscher-Weg von der Quelle in Holzwickede bis zur Mündung in den Rhein bei Dinslaken an einem Tag abzuradeln, dürfte selbst Radprofis nicht gelingen. Dabei bräuchte man eigentlich immer nur den Schildern mit der blauen Welle zu folgen.

Besser eignen sich deshalb Etappen- oder Thementouren. Unter dem Motto „Radwandern im Emscherland" hat die Emschergenossenschaft Kartenmaterial mit insgesamt fünf Vorschlägen zu spannenden Themen herausgebracht – und damit eine gute Grundlage, um den Emscher-Weg quasi „häppchenweise" per Fahrrad oder zu Fuß zu erkunden.

So lässt sich beispielsweise ein Besuch der Kokerei Hansa im Dortmunder Norden sehr gut mit einem Ausflug zum Schiffshebewerk Henrichenburg verbinden.

Die 36 Kilometer lange Tour ist ein interessantes Stück Kanal- und Industriegeschichte des Reviers.

Kartenmaterial gibt's an der RevierRad-Station am Info-Punkt der Kokerei, wo man sich auch das Fahrrad in knalligem Orange ausleihen kann. Das Rad kann je nach Kondition wahlweise am Schiffshebewerk oder an der Kokerei zurückgegeben werden.

Kartenmaterial
„Expeditionen durch das Neue Emschertal": Das Kartenset der Emschergenossenschaft enthält neben fünf Themenkarten auch einen Übersichtsplan. Schutzgebühr: 2 Euro.

Weitere Infos
www.emschergenossenschaft.de
Unter der Rubrik Freizeit und Kultur findet man u. a. eine Liste mit allen Verteilerstellen, wo die Radkarte erhältlich ist.

TOURTIPP 2:
MANUFACTUM IN DER ZECHE WALTROP

Es gibt sie noch, die guten Dinge. Und zwar in Waltrop, genauer gesagt in der denkmalgeschützten Zeche Waltrop: Hier hat das Edel-Versandhaus Manufactum hinter dicken Backsteinfassaden seinen Sitz. Die ehemalige zentrale Maschinenhalle der Schachtanlage wird als Verwaltungsgebäude genutzt: Im High-Tech-Stahlskelettbau wurde ein „Haus im Haus" eingebaut. Die Verkaufsräume sind gegenüber in der ehemaligen Waschkaue: Hier findet man auf über 1.000 Quadratmetern Fläche nahezu das gesamte Katalogsortiment –

vom nicht tropfenden Honiglöffel aus Edelstahl über den italienischen Profi-Gasherd bis zum preiswerten ostelbischen Gummistiefel aus Kautschuk mit verstellbarer Wadenweite und ausgeformtem Fußbett.

Das Warenangebot umfasst Dinge, die laut Katalog „nach hergebrachten Standards arbeitsaufwendig gefertigt und daher solide und funktionstüchtig, aus ihrer Funktion heraus materialgerecht gestaltet und daher schön, aus klassischen Materialien (Metall, Glas, Holz u. a.) hergestellt, langlebig und reparierbar und daher umweltverträglich" sind. Ergänzt wird es durch einen Brot & Butter-Laden, in dem ein Grundsortiment frischer Lebensmittel erhältlich ist.

In der historischen Lohnhalle ist heute das Manufactum Gasthaus untergebracht. Das Restaurant bietet auf den ersten Blick eher alltägliche, unspektakuläre Gerichte, das allerdings auf einem nicht alltäglichen Niveau. Gekocht wird fast ausschließlich mit den Zutaten aus dem streng ökologischen Manufactum-Lebensmittelangebot.

Die Zechenanlage war 1903 etwas abseits vom eigentlichen Ortskern gegründet worden und weist das für das Ruhrgebiet typische Gefüge auf: die höheren Angestellten lebten in herrschaftlichen Wohnhäusern direkt gegenüber der Zeche, der Bergwerksdirektor wohnte in einer im angrenzenden Zechenwald gelegenen Villa. Für die Arbeiter wurde die Zechenkolonie in der Nachbarschaft angelegt. 1979 geschlossen, 1987 unter Denkmalschutz gestellt, wurde das Gelände in den 1990er Jahren im Rahmen der Internationalen Bauausstellung zu einem hochwertigen Gewerbegebiet entwickelt. Insbesondere durch die Ansiedlung von Manufactum gilt die Zeche Waltrop heute als ein Musterbeispiel für die Leitidee „Arbeiten im Park". Einen guten Überblick gewinnt man von der mit einem Spurwerkturm markierten nahegelegenen Halde.

Kontakt
Manufactum
Hiberniastraße 5, 45731 Waltrop
Tel.: 02309.939142
Web: www.manufactum.de

Öffnungszeiten
montags bis freitags:
11.00–19.00 Uhr
samstags:
10.00–18.00 Uhr

ZECHE ZOLLERN
Ein Schloss der Arbeit

EIN SCHLOSS DER ARBEIT

Eher an einen Adelssitz als an einen Hochleistungskomplex zur Kohlenförderung erinnert das Bergwerk Zollern II/IV im Dortmunder Westen. Die Übertagebauten wurden um 1900 auf dem Gelände eines ehemaligen Bauerngutes errichtet. Damals galten sie in technischer wie ästhetischer Hinsicht als Musteranlage. Die Vorzeigezeche spiegelt den starken Repräsentationswillen der Gelsenkirchener Bergbau AG wider, die mit dieser Schachtanlage zur größten Zechengesellschaft im Ruhrgebiet aufstieg.
Die von einer mannshohen Mauer und einem schmiedeeisernen Zechentor umschlossene Anlage gilt als hochkarätiges architektonisches Gesamtkunstwerk. Bei genauerer Betrachtung wird die Besonderheit dieser Anlage deutlich, denn hinter den prunkvollen Backsteinfassaden mit ihren verspielten Giebeln und Türmchen verbirgt sich die Moderne. Während sich im vorderen Bereich Torhäuser, Werkstattgebäude, der zentrale Verwaltungsbau, Lohnhalle und Waschkaue wie bei einer Schlossanlage um einen begrünten Ehrenhof gruppieren, präsentiert sich das Industriezeitalter mit stählernen Fördergerüsten, einer funktionalen Schachthalle und vor allem mit der berühmten, riesigen Maschinenhalle. Vor der marmornen Schalttafel unter der goldenen Uhr steht noch heute der original erhaltene Maschinenpark, der um die Jahrhundertwende zum modernsten der Welt zählte und unweigerlich an Szenen aus dem Fritz Lang-Film „Metropolis" denken lässt.

1966 stillgelegt, drohte dem Bergwerk 1968 der Abriss. Buchstäblich in letzter Minute wurde der Abbruch verhindert, als der damalige Landeskonservator die Maschinenhalle mit dem bekannten Jugendstilportal schließlich unter Denkmalschutz stellte. Damit wurde die Zeche zum Wegbereiter der Industriedenkmalpflege in Deutschland und zum Symbol für die internationale Wertschätzung von Industriekultur. Seit 1986 ist Zollern II/IV die Zentrale des Westfälischen Industriemuseums des Landschaftsverbandes Westfalen-Lippe.

Nach jahrzehntelangen Aufbau- und Restaurierungsarbeiten wurde Zollern II/IV im Jahr 1999 als Museum für die Sozial- und Kulturgeschichte des Ruhrbergbaus eröffnet. Erklärt wird der harte Arbeitsalltag hinter den schönen Backsteinfassaden und untertage. So geht es in der zentralen Ausstellung um die Ausbildung des bergmännischen Nachwuchses, der um 1920 ein Markenzeichen des Ruhrbergbaus war. Ein Berglehrling ist auch Leitfigur auf dem Kinderrundweg: Jungen und Mädchen schlüpfen in voller Montur in die Rolle von „Azubis" und erproben den Arbeitsalltag an Leseband und Werkbank.

Vom Förderturm aus bietet sich ein weiter Blick über die gesamte Zechenanlage und die Gartenstadtsiedlung vor dem Zechentor. Im ehemaligen Pferdestall ist eine sehenswerte historische Gaststätte untergebracht und sorgt für das leibliche Wohl der Besucher.

AUF UND AB EINER MÄRCHENZECHE

Bis zur Stilllegung im Jahr 1966 hat die Zeche Zollern II/IV ein turbulentes Stück Wirtschaftsgeschichte erlebt. Ursprünglich war sie für eine Belegschaft von 2.000 Bergarbeitern und eine Förderung von 2.000 Tonnen Kohle pro Tag ausgerichtet. Als das Werk 1926 in den Verband der Vereinigten Stahlwerke AG wechselte und viele Zechen aufgrund mangelnder Rentabilität geschlossen wurden, konnte eine Stilllegung nur mit einem Modernisierungs- und Rationalisierungsplan verhindert werden. Die Folge: Bis auf 400 wurden alle Bergleute entlassen. Der Konjunkturaufschwung und die beginnenden Kriegsvorbereitungen Mitte der 1930er Jahre, schoben die Stilllegung von Zollern II/IV noch einmal auf. Das endgültige Aus kam 1966: Gegen die 1955 in Betrieb genommene Großschachtanlage Germania II/III in Dortmund-Marten konnte nicht mehr „angefördert" werden.

Als im Jahr 1968 Pläne bekannt wurden, die Maschinenhalle der Zeche Zollern II/IV in Dortmund-Bövinghausen zugunsten einer Erschließungsstraße abzureißen, formierte sich die erste große Initiative zur Rettung eines Industriebaus in Deutschland. Künstler und Intellektuelle wie die Fotografen Bernd und Hilla

Stilllegung der Zeche Zollern: 1966

Becher, der Gründungsdirektor der Düsseldorfer Kunsthalle Karl Ruhrberg oder der Bildhauer Günter Uecker richteten eine Petition an den damaligen Ministerpräsidenten Heinz Kühn. Sie wiesen darauf hin, dass es sich bei der Maschinenhalle um einen frühen Versuch handele, „eine menschliche Gestaltung der industriellen Umwelt" zu erreichen und damit eine Antwort auf eine bis heute aktuelle Herausforderung zu geben. Nachdem auch das Fachblatt „Bauwelt" auf die Jugendstildetails der Eisenfachwerkhalle des berühmten Berliner Architekten Bruno Möhring hingewiesen hatte, ließ sich der Abbruch nicht mehr durchsetzen.

Die Gesamtanlage Zollern II/IV aber litt: Schachthäuser und Fördergerüste wurden abgebrochen, Ausrüstungsgegenstände vernichtet, Gebäude jahrelang für minderwertige gewerbliche Nutzungen vermietet. Erst in den 1970er Jahren begannen Baumaßnahmen zur Erhaltung. Unter anderem wurden die abgerissenen Fördergerüste durch bauähnliche Exemplare anderer Zechen aus Herne und Gelsenkirchen ersetzt und auch eines der Schachthäuser wieder aufgebaut.

Erst in den 1970er Jahren begannen Baumaßnahmen zur Erhaltung.

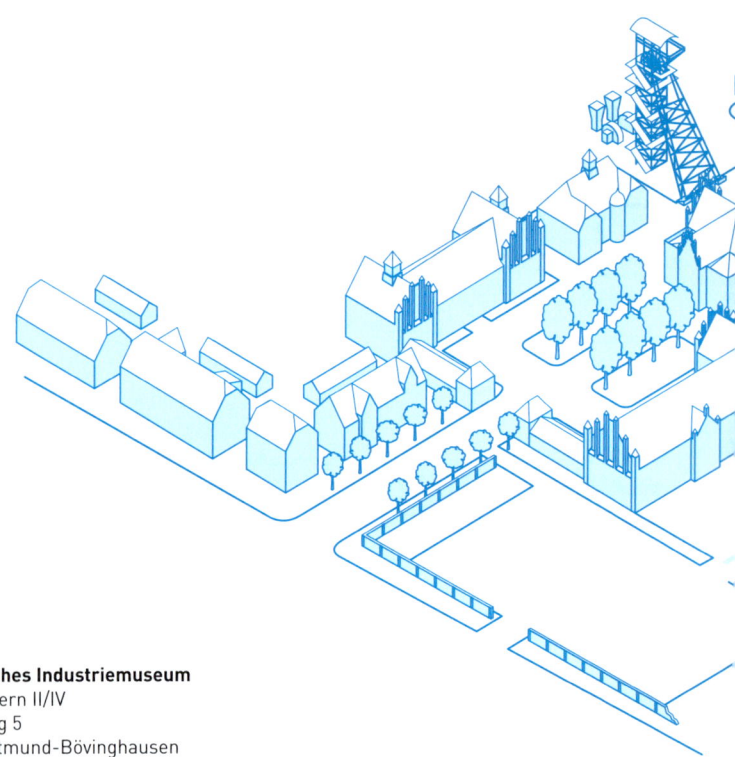

Westfälisches Industriemuseum
Zeche Zollern II/IV
Grubenweg 5
44388 Dortmund-Bövinghausen
Web: www.zeche-zollern.de

Öffnungszeiten:
ganzjährig, dienstags bis sonntags
10.00–18.00 Uhr, montags geschlossen.

**Informationen und Anmeldung
von Führungen:**
Tel.: 0231.6961-111

Kostenlose Führung für Einzelbesucher
sonn- und feiertags 11.30 und 12.00 Uhr

Nachtschicht: Führung durch die beleuchtete Zeche und rustikales Abendessen jeden 2. und 4. Samstag im Monat, Kosten: 20 Euro, Anmeldung erforderlich
Grubenbahnfahrten über das Zechengelände: Mai bis Oktober sonn- und feiertags 11.00–17.00 Uhr.
Weitere thematische Führungen u. a. für Kinder oder zum Thema Architektur.

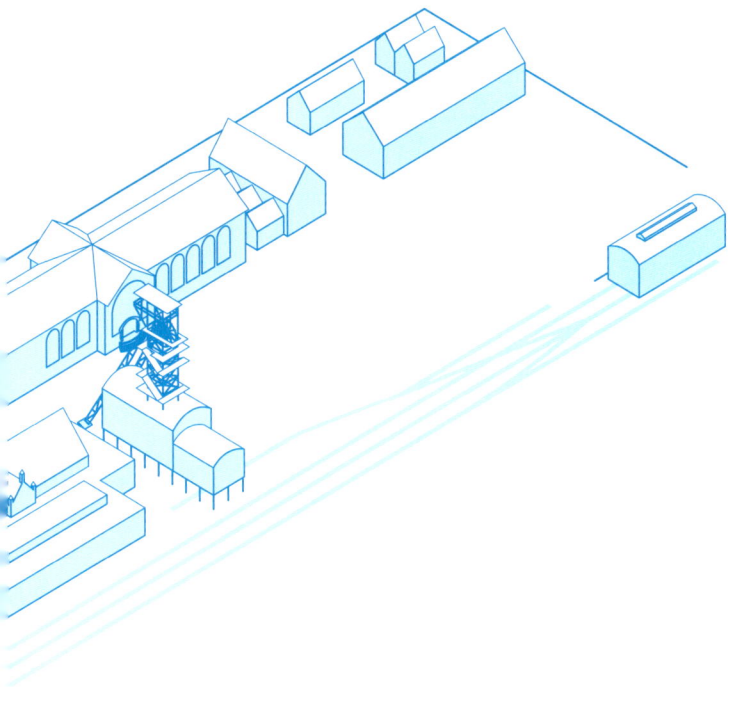

Anfahrt:
mit dem Auto: A 40 bis Abfahrt Dortmund-Lütgendortmund oder A 45 bis Abfahrt Dortmund-Hafen/Marten, weiter Richtung Dortmund-Bövinghausen der Beschilderung folgen
mit dem öffentlichen Nahverkehr: Dortmund HBF mit der Regionalbahn 43 bis Bahnhof Bövinghausen, ca. 10 Min. Fußweg bis Zeche Zollern

mit dem Fahrrad: Radwanderwege R 10 und R 31 sowie der Emscher Park Radweg.

Weitere touristische Informationen:
RUHR.VISITORCENTER Dortmund /// Dortmunder U /// Brinkhoffstraße 4 /// 44137 Dortmund /// Tel.: 0231.5029450 /// E-mail: RVC@STADTDO.DE /// Web: www.dortmund-tourismus.de /// Öffnungszeiten: montags bis samstags 10.00–18.00, sonn- und feiertags 10.00–14.00 Uhr.

MASCHINENHALLE

Der Entwurf für eine Maschinenhalle in Backsteingotik lag bereits vor, da änderte der Zechendirektor im Jahr 1902 spontan seine Pläne. Unter dem Eindruck zweier völlig neu konstruierter Pavillons auf der Düsseldorfer Industrie- und Gewerbeausstellung ließ er stattdessen von einem neuen Architektenteam unter der Leitung des Berliner Architekten Bruno Möhring die erste moderne Industriehalle des Ruhrgebiets errichten. Neben einem starken Repräsentationswillen spielte wohl auch der Zeitfaktor eine entscheidende Rolle: Da man einen Stahlskelettbau in kürzerer Zeit fertig stellen konnte, war eine frühere Produktionsaufnahme möglich. Das filigrane Stahlskelett der Halle überspannt einen fast hundert Meter langen, lichtdurchfluteten Raum. Zwei Ausstattungsdetails haben die Halle besonders bekannt gemacht: die große marmorne Schalttafel, die wie ein Altar der Elektrotechnik wirkt, sowie das ovale Eingangsportal, das nicht nur zu einem Symbol des Jugendstils wurde, sondern der Halle auch zu ihrem Ruf als wohl bekanntestes Industriedenkmal Deutschlands verhalf.

👁 FÖRDERMASCHINE

Am Anfang stand eine fixe Idee, seit Anfang 2005 ist daraus Realität geworden: Nach 40 Jahren Stillstand surrt der Motor der 100 Jahre alten elektrischen Fördermaschine in der Maschinenhalle wieder. Möglich machte das Werner Mellin, pensionierter Ingenieur aus Dortmund, der als Maschinenbauer bei Siemens in den 1950er und 1960er Jahren die Zollern-Fördermaschine noch selbst gewartet hat und das Schätzchen aus dem Effeff kennt. 1903 in Betrieb genommen, ist die Maschine der Firma Siemens & Halske die älteste elektrische Hauptschachtfördermaschine des deutschen Bergbaus und eine der ersten weltweit. Die Daten: 525 Volt Gleichstrom, zweimotorige Maschine mit 1.410 PS Dauerleistung, 2.800 PS Anfahrleistung, Fördergeschwindigkeit maximal 13 Meter pro Sekunde Nutzlast 4,2 Tonnen, Förderung pro Tag maximal 2.700 Tonnen, vierbödiger Korb für 52 Mann bei Seilfahrt oder acht Wagen für Nutzlast.

LOHNHALLE

Was im ersten Moment an ein imposantes Kirchenschiff erinnert, entpuppt sich bei genauerem Hinsehen als Lohnhalle. Hier erhielten die Bergleute pünktlich am Zahltag ihren Lohn. Um die Lohntüte vom Zahlmeister in Empfang zu nehmen, mussten die Kumpel fast auf die Knie fallen, so tief waren die winzigen Schalter in der Wand angeordnet. Heute kann man sich in der Lohnhalle trauen lassen und in eine gemeinsame Zukunft starten – ohne dabei den Buckel krumm zu machen.

LESEBAND

In der Schachthalle des Förderturms befindet sich noch eines von ursprünglich drei Lesebändern. Hier wurde in harter Knochenarbeit und per Hand das Bergematerial aussortiert – jenes taube Gestein, das zwangsläufig mit der wertvollen Kohle mit ans Tageslicht kam. In einer acht-Stunden-Schicht kamen bis zu 1.800 Grubenwagen aus der Tiefe, wurden hier entleert und wieder zurück in die Grube transportiert. Schachthalle und Fördergerüst sind übrigens keine Originale: Die Halle stammt von der Zeche Victoria in Gelsenkirchen, das Gerüst von der Zeche Friedrich der Große in Herne.

🏭 GRUBENTUCH

Früher fehlte es in keines Bergmanns Waschkaue: das Grubentuch, mit dem sich die Kumpel abtrockneten. In den Waschkauen war das schwarzgrau gemusterte Gewebe beliebt, weil Kohlenstaub darin unsichtbar blieb. Die Firma Manufactum (siehe Seite 128) lässt das Original in Schwarz seit kurzem in einer Weberei im hessischen Schlitz eigens wieder anfertigen. Als Geschirrtuch gibt es das Grubentuch heute nur noch blaugemustert. Eine historische Kollektion, auf original Webstühlen des Textilmuseums in Borken gewebt, ist im Museumsshop des Industriemuseums erhältlich. Ein tolles Souvenir mit höchstem Gebrauchswert!

👁 SCHALTTAFEL

Wie ein kostbarer Altar steht an der Längsseite der Maschinenhalle die fast 20 Meter lange elektrische Schalttafel. Um vier Stufen vom übrigen Hallenboden erhöht, überwachte der Tafelwärter von hier aus die gesamte Halle mitsamt der elektrischen Maschinen. Die Schalttafel ist ein echtes Schmuckstück: Sie wurde in drei verschiedenen Marmorarten ausgeführt und mit Blattornamenten aus Bronze verziert. Zusammen mit der darüber hängenden goldenen Uhr wird offenbar, wie sehr es dem Erbauer der Halle nicht nur um Funktionalität, sondern auch um Repräsentation ging.

PFERDESTALL

Genau richtig für ein zünftiges Dortmunder Pils oder den kleinen Hunger zwischendurch: die Museumsgaststätte mitten auf dem Zechengelände. Der ehemalige Stall für die Grubenpferde ist mit vielen originalen Einrichtungsgegenständen dekoriert und ein Muss für jeden Nostalgiker. Auf der Karte stehen „Westfälische und internationale Spezialitäten" – vom Schnitzel „Dortmunder Krüstchen" mit Spiegelei bis zur Currywurst rot/weiß. Mittwochs gibts ab 18.00 Uhr Reibeplätzchen, zum Abschluss einen Kartoffelschnaps. Der schöne hintere Gesellschaftsraum bietet Platz für bis zu 110 Personen und kann angemietet werden. Sommertags Biergarten unterm Förderturm. Ambiente: rustikal, Preise: familiengerecht.

Pferdestall /// Grubenweg 5 /// 44388 Dortmund /// Tel.: 0231.6903236
E-Mail: PferdestallWim@aol.com /// Web: www.pferdestallwim.de /// Öffnungszeiten: dienstags und sonntags 12.00–19.00, mittwochs bis samstags 12.00–24.00 Uhr, montags Ruhetag.

🍴 HÖVELS HAUSBRAUEREI

Noch um 1970 war Dortmund die Biermetropole Europas. Und obwohl das schon recht lange her ist, wird diese Tradition nach wie vor in hohen Ehren gehalten. Zum Beispiel in Hövels Hausbrauerei, mitten in der Dortmunder Innenstadt. In gemütlich-rustikaler Atmosphäre wird heimische Bierbraukunst gepflegt. Bierspezialitäten werden nach überlieferten Originalrezepturen gebraut, darunter auch das altehrwürdige Hövels Bitterbier. Dazu passend gibt's allerlei Deftiges von der Haxe bis zum Spanferkel, glasiert mit – was sonst – ein paar Spritzern Bier. Biertests, Bierseminare etc. ergänzen das feucht-fröhliche Programm. Prost! Öffnungszeiten: sonntags bis donnerstags 11.00–00.00, freitags und samstags 11.00–01.00 Uhr.

Tipp: Wer seine Bier-Exkursion vertiefen möchte, dem empfiehlt sich übrigens ein Besuch des Dortmunder Brauerei-Museums in der Steigerstraße 16. An der historischen Braustätte der Dortmunder Hansa-Brauerei können Fans des gold-gelben Getränks tief in die Geschichte der Bierstadt Dortmund eintauchen. Das Museum wurde 2006 auf dem Gelände der Dortmunder Actien-Brauerei im Norden der Stadt eröffnet. Mit Kohle und Stahl bildete das Bier den Dreiklang, der Dortmund seit den 1950er Jahren zur führenden deutschen Industriestadt im 20. Jahrhundert machte. Infos: www.brauereimuseum.dortmund.de

Hövels Hausbrauerei /// Hoher Wall 5–7 /// 44137 Dortmund /// Tel.: 0231.9145470
Web: www.hoevels-hausbrauerei.de

🍴 STRAVINSKI

Restaurant, Bistro und Bar in einem: das Stravinski im Konzerthaus Dortmund mitten in der Innenstadt. Ganz im Stil moderner, cooler Klassik gestaltet, ist dieser Ort ein ruhiger und angenehmer Anker im eher rockigen Brückviertel. Gepflegte Atmosphäre und perfekter Service bilden den Rahmen für eine neue deutsche Frischeküche. Kulinarisch reicht das Angebot von leicht-mediterranen bis zu deftig-regionalen Speisen. Den täglich frischen Mittagstisch gibt's ab 5,95 Euro.

In der offenen Showküche kann man den Köchen bei der Zubereitung ihrer „Kompositionen" über die Schulter schauen – zum Beispiel beim Zanderfilet auf der Haut gebratenen mit Weißweinsauce, Speck, Ananaskraut und gebratenen Bubenspitzen. Dem russischen Komponisten Igor Stravinski hätte es gewiss gemundet. Öffnungszeiten: montags bis samstags 11 Uhr bis ca. 2 Stunden nach Veranstaltungsende. Sonn- und feiertags geschlossen außer an Veranstaltungstagen.

Stravinski /// Brückstraße 21 /// 44135 Dortmund /// Tel.: 0231.58449850
Web: www.restaurantstravinski.de

HOTEL LENNHOF

Ein markanter Fachwerkbau aus dem Jahr 1395 ist das architektonische Herzstück des Hotels, das seit über 25 Jahren Mannschaftshotel von Borussia Dortmund ist. Idyllisch-ländlich am Dortmunder Stadtrand gelegen, erwartet den Gast eine raffinierte Mischung aus alt und neu, Romantik und Moderne. Mit 8 Einzelzimmern, 23 Doppelzimmern und 4 Junior-Suiten gehört der Lennhof zu den kleinen, charaktervollen und persönlich geführten Hotels der Stadt. Das Restaurant des traditionsreichen Hauses besticht mit traditioneller, feiner Kochkunst, alle Zutaten sind von bester Qualität und wo immer es geht aus heimischer Umgebung. Sommertags wird auf der eleganten, weinberankten Terrasse an schön gedeckten Tischen gespeist. Frühzeitige Reservierung erforderlich. Preise: gehoben.

Hotel Lennhof /// Menglinghauser Straße 20 /// 44227 Dortmund /// Tel.: 0231.758190
Web: www.hotellennhof.de

STICHWORT: INDUSTRIEDENKMALPFLEGE

„Dieser Schrott soll Denkmal werden?" Mit Empörung reagierten anfangs viele Menschen angesichts von Plänen, halb verfallene Fabrikhallen oder rostige Hochöfen unter Denkmalschutz und damit auf eine Stufe mit Schlössern und Kathedralen zu stellen. Mittlerweile hat sich das Blatt gewendet: Die anfängliche Empörung ist einer Art Heimatstolz auf diese einmaligen Zeugen der Industriegeschichte gewichen. Heute gibt es allein in Nordrhein-Westfalen 3.500 Denkmäler der Industrie- und Technikgeschichte.

Dabei hat das Engagement für die so genannten „technischen Kulturdenkmale" in Deutschland Tradition: Dem Berufsstand der Ingenieure ist es zu verdanken, dass die gestalterischen Qualitäten dieser Bauten in Fachkreisen bereits um 1900 gelobt wurden. Anregungen zur Beschäftigung mit dem industriekulturellen Erbe kamen Mitte des 20. Jahrhunderts aus England: Dort, wo um 1750 die Industrialisierung ihren Anfang genommen hatte, engagierten sich 200 Jahre später Denkmalschützer, Laien und Wissenschaftler, darunter viele Archäologen, für die Relikte der Technik und Industrie. Daraus entstand die wissenschaftliche Disziplin „industrial archaeology".

In Deutschland setzte sich ab 1970 der Begriff „Industriekultur" durch: Er bezieht sich auf die umfassende Erforschung des Industriezeitalters. Dabei ging es oftmals zunächst um nichts anders als um die Rettung einer industriell genutzten Anlage vor dem Abbruch oder dem Verfall. Viel zitiertes Beispiel ist die Maschinenhalle der Zeche Zollern. Die Zechenanlage ist heute Sitz des 1979 gegründeten Westfälischen Industriemuseums des Landschaftsverbandes Westfalen-Lippe, das sich – nunmehr im gesetzlichen Auftrag – der Bewahrungen und Vermittlung der Industriegeschichte des Landes widmet. Zusammen mit dem 1984 gegründeten Rheinischen Industriemuseum des Landschaftsverbandes Rheinland werden an insgesamt 14 Museumsstandorten Technik-, Wirtschafts- und Sozialgeschichte sowie Produktions- und Arbeitsbedingungen museal erschlossen. Neue Impulse gab die Internationale Bauausstellung Emscher Park, die von 1989 bis 1999 ein städtebauliches Programm zur Bewältigung des Strukturwandels im Ruhrgebiet entwickelte und das Thema Industriekultur einer breiten Öffentlichkeit zugänglich machte. Mit dem Erhalt, Umbau und der Neunutzung ganzer Anlagen wie dem Landschaftspark Duisburg-Nord oder Zollverein in Essen wurden nicht nur identitätsbildende Standortfaktoren geschaffen, sondern auch ökonomische Perspektiven.
Die 1995 gegründete Stiftung Industriedenkmalpflege und Geschichtskultur mit Sitz auf der Kokerei Hansa in Dortmund setzt sich – bundesweit einzigartig – für den Erhalt von hochrangigen Industriedenkmalen ein: sichert und erforscht sie wissenschaftlich und entwickelt Neunutzungen.
Mit der „Route der Industriekultur", einem 1999 eröffneten 400 Kilometer langen Rundkurs zu Sehenswürdigkeiten aus 150 Jahren Industriegeschichte, begann das Ruhrgebiet schließlich, sein umfangreiches historisches Erbe des Industriezeitalters touristisch zu erschließen. Vorläufiger Höhepunkt der Industriedenkmalpflege war die Ernennung von Zeche und Kokerei Zollverein zum UNESCO-Weltkulturerbe im Jahr 2001.
Mit der RuhrTriennale, einem hochrangigen, internationalen Kulturfestival, das 2002 erstmals und ausschließlich in den großen Industriekathedralen des Ruhrgebiets stattfand, wurde der Industriekultur schließlich die Krone aufgesetzt.

TOURTIPP:
ALTES SCHIFFSHEBEWERK HENRICHENBURG –
WUNDERWERK DER TECHNIK

Als die Schachtschleuse Henrichenburg 1914 ihren Betrieb aufnahm, war sie das erste Bauwerk dieser Art in Deutschland und – zusammen mit der Mindener Schleuse am Mittellandkanal Mittellandkanal – auch größte Schacht- und Sparschleuse der Welt. Das Schwimmerhebewerk ermöglichte es Schiffen und Lastkähnen, einen Höhenunterschied von 14 Metern zu überwinden. Für die damalige Zeit galt es in Größe und Bauart als technisches Wunderwerk. Zusammen mit der Eröffnung des Dortmund-Ems-Kanals wurde das Schiffshebewerk Henrichenburg im Jahr 1899 mit großem Pomp von Kaiser Wilhelm II. eingeweiht.

Nach der Stilllegung im Jahre 1970 verfiel das Hebewerk, bis der Landschaftsverband Westfalen-Lippe neun Jahre später beschloss, das technische Kulturdenkmal wieder aufzubauen. Hebewerk, Maschinenhaus und historische Schiffe mussten restauriert und rekonstruiert werden, bis 1992 das Museum eröffnet werden konnte. 1995 erhielt es den international angesehenen Sonderpreis als „Europäisches Museum des Jahres". Heute ist es eines der beliebtesten Ausflugsziele auf der Route Industriekultur.

Wie der Schiffslift funktionierte, können Besucher heute anhand von Modellen nachvollziehen. Von den beiden Oberhaupt-Türmen hat man einen fantastischen Einblick ins Innerste des stählernen Riesenaufzugs und kann dazu den Rundblick in die weite Kanallandschaft bei Waltrop genießen. Im Kessel- und Maschinenhaus informiert eine Ausstellung über weitere Hebewerke und die Binnenschifffahrt in Deutschland. Auf einem 400 Meter langen Kanalabschnitt, der an das Hebewerk anschließt, kann eine Sammlung historischer Schiffe und schwimmender Arbeitsgeräte besichtigt werden, eine Anlege- und Verladestelle für Güterschiffe, eine Hellinganlage zur Schiffsreparatur, der alte Kanaldurchlass und vieles mehr.

Kontakt
Schiffshebewerk Henrichenburg
Westfälisches Industriemuseum
Am Hebewerk 2
45731 Waltrop
Tel.: 02363.9707-0
Fax: 02363.9707-12
E-Mail: schiffshebewerk@lwl.org
www.schiffshebewerk-henrichenburg.de

Anfahrt
mit dem Auto:
A 2 Abfahrt Castrop-Rauxel/Henrichenburg, dann der Beschilderung „Schiffshebewerk" folgen.
mit öffentlichen Verkehrsmitteln:
Buslinie 284/231 Brambauer–Waltrop–Recklinghausen bis Haltestelle Hebewerk (der Bus 284 fährt ab Brambauer Verkehrshof und wechselt in Waltrop, Am Moselbach, seine Liniennummer in 231).
mit dem Fahrrad:
Emscher Park Radweg und Dortmund-Ems-Kanal-Radweg; von der Zeche Zollern II/IV führt der R 31 zum Alten Schiffshebewerk.

Führungen

sonn- und feiertags 11.00 Uhr: öffentliche Führung

freitags 19.00 Uhr: Abendführung mit Abendessen, Anmeldung erforderlich).

Für Kinder
Einmal als Schiffsjunge oder -mädchen anheuern. Das ist nur eine von vielen Aktivitäten, die für Klassenausflüge oder Kindergeburtstage angeboten werden.

Für Familien
Für Entdeckertouren auf eigene Faust auf eigene Faust wird an der Kasse eine Entdeckerausrüstung bereitgestellt.

Ganz auf den Besuch von Kindern eingestellt ist das im Unterwasser des Hebewerks liegende Museumsschiff „Franz-Christian". An Bord kann nach Herzenslust ausprobiert und auch „gearbeitet" werden: Wie wird ein Tau richtig aufgeschossen? Wie macht man ein Tau fachgerecht am Poller fest? Wie hat die Binnenschifferfamilie an Bord gelebt? Wie wurde das Deck geschrubbt? Welche Aufgaben hat ein Schiffsjunge an Bord zu verrichten? Bei der Beantwortung dieser Fragen werden die Kinder von Käpt'n Henri und dem Schiffsjungen Jan unterstützt. Mehrmals am Tag legt ein Ausflugsdampfer vom Museumskai ab.

Seit 1999 kann man auch das so genannte Oberwasser besichtigen, ein 400 Meter langer Kanalabschnitt oberhalb des Hebewerks. Hier zeigt das Museum eine Anlege- und Verladestelle für Güterschiffe, eine Hellinganlage zur Schiffsreparatur mit historischem

Drehkran aus dem Jahre 1906 und einen Kanaldurchlass mit altem Klapptor und Hubbrücke. Auch eine Sammlung von historischen Schiffen und schwimmenden Arbeitsgeräten kann hier bestaunt werden.

Öffnungszeiten
ganzjährig, dienstags bis sonntags
10.00–18.00 Uhr (Einlass bis 17.30 Uhr)
montags geschlossen

ZECHE NACHTIGALL UND DAS MUTTENTAL

Vom Stollen zum Tiefbau

VOM STOLLEN ZUM TIEFBAU

Früher hörte man sie oft im Ruhrtal singen: die Nachtigall. Die Vögel zogen fort, der klangvolle Name blieb: „Nachtigall" – so heißt das ehemalige Bergwerk am Eingang des Wittener Muttentals. Seine Geschichte reicht weit in die vorindustrielle Zeit zurück, als man die Ruhrkohle dicht an der Oberfläche fand und niedrige Stollen waagerecht in die Berghänge trieb. Bereits ab 1832 ging die Zeche als eine der ersten im Revier zum Tiefbau über. Bis zu 450 Meter unter der Ruhr erschlossen die Schächte Neptun und Herkules ergiebige Kohlevorkommen.

Mächtige Dampfmaschinen pumpten Wasser aus dem Schacht und zogen die Förderkörbe ans Licht. Die Zeche Nachtigall ist typisch für den Beginn des Industriezeitalters im Ruhrbergbau. Bereits 1892 wurde die Kohlenförderung eingestellt. Anschließend siedelte sich auf dem Gelände eine Ziegelei an.

Der Standort gehört heute zum Westfälischen Industriemuseum und wurde nach der Restaurierung der historischen Zechen- und Ziegeleigebäude 2003 offiziell eröffnet.

Erhalten sind der Förderschacht Hercules, der Kamin des Kesselhauses, das Werkstattgebäude und das denkmalgeschützte Maschinenhaus mit der historischen Dampffördermaschine. Eine Dauerausstellung informiert über den „mühsamen Weg ins Industriezeitalter". Museumsbesucher unternehmen auf dem Museumsgelände einen Rundgang durch fast 300 Jahre Industriegeschichte. Höhepunkt ist eine Führung durch das Besucherbergwerk: Im Nachtigallstollen stoßen sie – ausgerüstet mit Helm und Grubenlampe – bis zum Steinkohleflöz „Geitling 3" vor und erleben mit Abbauhammer und Pressluftbohrer die Arbeitsbedingungen im Bergbau vergangener Tage. Vor dem Stolleneingang zeigt „Zeche Eimerweise" mit einer original rekonstruierten Schachtanlage den Kleinbergbau nach 1945. Ein bergbaugeschichtlicher Rundweg durchs Muttental mitsamt einem Bethaus der Bergleute und die benachbarte Muttenthalbahn laden zu weiteren Ausflügen in die frühe Bergbaugeschichte an der Ruhr ein.

„Steinkohle und Eisen sind in unseren Tagen die mächtigsten Hebel der Industrie, und da die Natur Rheinland und Westphalen vorzugsweise mit diesen Schätzen beschenkt hat, so braucht man kein Prophet zu sein, um vorauszusehen, da die Industrie in wenigen Decennien den ganzen deutschen Gewerbefleï übenagen wird."

Friedrich Harkort (1793–1880), Industriepionier aus Wetter/Ruhr, im Jahr 1855

WIEGE DES RUHRBERGBAUS

Vor der Industrialisierung war die Gegend rund um die Zeche Nachtigall nur dünn besiedelt. Damals wurde das „schwarze Gold" im Tagebau abgebaut: kaum mehr als zehn Bergleute waren um 1800 auf der Zeche Nachtigall beschäftigt. 50 Jahre später, als die Kohle bereits im Tiefbauverfahren Kohle aus der Erde kam, arbeiteten in der damals größten Zeche des Ruhrgebiets bereits 500 Bergleute. Sie förderten knapp 95.000 Tonnen Kohle jährlich, um die sprunghaft gestiegene Nachfrage zu befriedigen.

Um die Kohle aus etwa 150 Metern Tiefe zu gewinnen, musste das einfließende Wasser abgepumpt werden, das sich zwangsläufig in der Grube sammelte. Erst als dies mit Hilfe einer Dampfmaschine möglich war, wurde der Tiefbau möglich. Ab 1856 wurde übertage eine 500 PS starke Dampfmaschine errichtet, die die Kohle zu Tage förderte, während eine weitere für die Wasserhaltung zuständig war. Untertage zogen Pferde die Kohle in den unterirdischen Gängen zum Schacht. Starke Wasserzuflüsse und schlechte Flözverhältnisse trugen dazu bei, dass die Zeche 1892 stillgelegt wurde.

> 500 PS starke Dampfmaschine

Noch im Jahr der Zechenschließung erwarb der Bauunternehmer Wilhelm Dünkelberg das heutige Museums-Gelände. An der Stelle der Zechenbauten um Schacht Hercules entstand bis 1899 die heute noch erhaltene Doppel-Ringofenanlage, in der jährlich bis zu elf Millionen Ziegel gebrannt werden konnten. Nach Schließung der Ziegelei 1963 und Übernahme des Geländes durch die Stadt Witten wurde die ehemalige Zeche 1983 Teil des Westfälischen Industriemuseums.

> 1892 stillgelegt

**Westfälisches Industriemuseum
Zeche Nachtigall**
Nachtigallstraße 35
58452 Witten-Bommern
Tel.: 02302.936640
Web: www.zeche-nachtigall.de

Öffnungszeiten:
dienstags bis sonntags 10.00–18.00 Uhr,
montags geschlossen.

Führungen:
durch das Museum: jeden Sonntag
15.00 Uhr kostenlose Führung.
in den Besucherstollen Nachtigall: für
Einzelbesucher dienstags bis freitags 11.00,
13.00 Uhr, 15.00 und 17.00 Uhr, samstags
und sonntags stündlich 11.00–17.00 Uhr.
Nachtigall-Entdecker-Tour mit Frosch Öli:
für Familien und Kinder ab acht Jahren
sowie Schulklassen der Jahrgangsstufen 4 bis 6; Dauer: 1,5 Stunden. Kosten:
Familien mit Kindern am Wochenende
kostenfrei; für Schulklassen und Kindergruppen 40 Euro plus 1,10 Euro pro Kind,
2 Begleitpersonen frei.
Weitere Angebote: „Das Geheimnis der
schwarzen Diamanten" für Kinder und
Schulklassen sowie Kindergeburtstage
bietet der Verkehrsverein Witten.

Gruppenführungen und museumspädagogische Programme nach Vereinbarung.

Anfahrt:
mit dem Auto: von der A 43 Abfahrt Witten-Heven, Herbeder Straße bis zur B 235/B 226, rechts Ruhrstraße B 235 folgen, nach der Ruhrbrücke rechts in die Nachtigallstraße.
mit dem öffentlichen Nahverkehr: von Witten Hauptbahnhof mit der S 5 und RB 40, von dort zu Fuß über die Herbeder Straße über die Nachtigallbrücke (Fußgängerbrücke über die Ruhr), Gehzeit ca. 20 Minuten.
mit dem Fahrrad: über den Radwanderweg entlang der Ruhr.

Weitere touristische Informationen:
Stadtmarketing Witten GmbH –
Tourist & Ticket Service
Marktstraße 7 /// 58452 Witten
Tel: 02302.12233 /// Fax: 02302.12236
E-Mail: info@stadtmarketing-witten.de
www.stadtmarketing-witten.de

EN-Agentur /// Am Walzwerk 25
45527 Hattingen /// Tel.: 02324.5648–0
E-Mail: info@en-agentur.de
Web: www.ennepe-ruhr-tourismus.de

MASCHINENHALLE

Der Museumsrundgang beginnt in der wunderschönen und mit viel Liebe zum Detail restaurierten Maschinenhalle der Zeche Nachtigall. In der lichten Halle steht eines der ältesten und mit ziemlicher Sicherheit bestgeöltesten Schätzchen im ganzen Ruhrgebiet: eine historische Dampfmaschine aus dem Jahr 1887. Tipp für Nostalgiker: Das gute Stück wird regelmäßig vorgeführt. Die Erfindung der Dampfmaschine war übrigens die technische Voraussetzung für die Entstehung von Großzechen, die die Kohle im Tiefbauverfahren zu Tage förderten.

Zeche Nachtigall /// Nachtigallstraße 35 /// 58452 Witten-Bommern /// Tel: 02302.93664-0
Web: www.zeche-nachtigall.de /// Öffnungszeiten: dienstags bis sonntags und feiertags 10.00 bis 18.00 Uhr, letzter Einlass 17.30 Uhr.

👁 BESUCHERBERGWERK

Ein Erlebnis, das man nicht vergisst: Die Zeitreise in das Besucherbergwerk der ehemaligen Zeche Nachtigall. Ausgerüstet mit Fahrmantel, Helm und Lampe gelangt man in dem 130 Meter langen Nachtigallstollen durch immer niedriger werdende Gänge zu einem echten Steinkohlenflöz. „Vor Ort" lernt man die Arbeit mit Abbauhammer und Pressluftbohrer kennen – warmen Pullover nicht vergessen!

Stollenführungen: dienstags bis freitags 11.00, 13.00, 15.00 und 17.00 Uhr, samstags, sonntags und feiertags stündlich 11.00 bis 17.00 Uhr.

LUDWIG HENZ

Nach dem Wasserbauingenieur Ludwig Henz ist jenes 35 Meter lange Holzschiff benannt, das im Industriemuseum Zeche Nachtigall vor Anker liegt. An Bord dieses nach Originalplänen von 1840 rekonstruierten Schiffes geht es um die Kohlenschifffahrt auf der Ruhr. Große Ruhrschiffe hatten die Steinkohlen – bis zu 100.000 Tonnen pro Jahr – ruhrabwärts Richtung Duisburg transportiert. Mit dem Anschluss der Zeche Nachtigall an die Bergisch-Märkische Eisenbahn im Jahr 1849 bekam die Kohlenschifffahrt Konkurrenz. Ein Meilenstein in der Verkehrsgeschichte, denn von nun an verlor der Fluss seine Bedeutung als Absatzweg.

BETHAUS

„Die Ein- und Ausfahrt, Herr, bewahr, dass uns kein Unglück widerfahr; behüte uns vor schnellem Tod und hilf uns, wo uns Hilf' ist Not!" Diesen Text las der Steiger aus dem Andachtsbuch vor, bevor es hinab in die Grube ging. Vor jeder Schicht hatten sich die Nachtigall-Bergleute im Bethaus versammelt. Der Backsteinbau aus dem Jahr 1830 ist das letzte dieser Art im Ruhrgebiet und steht heute unter Denkmalschutz. Im unteren Geschoss befand sich eine Schmiede, wo das Werkzeug repariert wurde. Besucher können hier heute nach alter Tradition bergmännische Gerätschaften schmieden. Das Bethaus ist Teil des bergbaugeschichtlichen Rundwegs im Muttental und schönes Ziel einer Wanderung durch das grüne Ruhrtal. Mehr dazu auf Seite 168.

Bethaus der Bergleute /// Muttentalstraße 35 /// 58452 Witten /// Tel.: 02302.31951 Öffnungszeiten: April bis Oktober: dienstags bis freitags 10.00–12.00 und 14.00–16.00 Uhr donnerstags nachmittags geschlossen, samstags 10.00–12.00 und 14.00–18.00 Uhr, sonntags 11.00–18.00 Uhr. November bis März: samstags 14.00–16.00, sonntags 11.00–16.00 Uhr /// Buchungen beim Verkehrsverein Witten, Tel.: 02302.19433

🍴 RESTAURANT HAUS HERBEDE

Etwas versteckt gelegen, aber gut ausgeschildert und mit Auto und Fahrrad gleichermaßen gut zu erreichen. Sommertags sitzt man im großen Biergarten auf gepflegtem Rasen unter uralten Obstbäumen an schönen Gartentischen und geniesst den Klassiker: Kaffee und Kuchen vom Blech oder einen gut angemachten Sommersalat. Die anspruchsvolle und familiengeführte Gastronomie im historischen Burggemäuer kann sich schmecken lassen und ist weit und breit die einzige wirkliche Empfehlung. Küche: leicht und deutsch-regional, Personal: geschult, Publikum: gemischt, Preise: angemessen.

Restaurant Haus Herbede /// Von-Elverfeldt-Allee 12 /// 58456 Witten-Herbede
Tel.: 02302.72258 /// Fax: 02302.79283 /// E-Mail: info@haus-herbede.de
Web: www.hausherbede.de /// Öffnungszeiten: täglich ab 12.00 Uhr geöffnet, ab 15.00 Uhr Kaffee und Kuchen, ab 18.00 Uhr Abendessen und Abendmenüs; dienstags Ruhetag.

🍴 PRIVATBRENNEREI SONNENSCHEIN

Ein stolzes Stück Industriekultur: Die alte Brennerei Sonnenschein in Witten-Heven. Die Privatbrennerei ist seit vier Generationen in Familienbesitz und steht seit 1875 für Spirituosen höchster Qualität. Im Hausverkauf sind über 1.000 Produkte zu haben, darunter Weine, Öle und jede Menge Hochprozentiges. Darunter auch ein Single Malt Whisky und andere hauseigene Spezialitäten wie der Ruhrtaler Kräuter Bitter oder Kümmel. Besonders stolz ist Sonnenschein-Chef Rainer Mönks auf sein „Helles": Seit Herbst 2008 braut er mit dem Ruhrtaler nämlich sein eigenes Bier. 90 Jahre nach Schließung der Ruhrtalbrauerei (1920) hat sich der Unternehmer damit einen persönlichen Traum erfüllt und die historische Marke mitsamt Logo im Etikett wiederbelebt. Erhältlich im Hausverkauf. Wohlsein!

Privatbrennerei „Sonnenschein" /// Alter Fährweg 7–9 /// 58456 Witten-Heven
Tel.: 02302.56006 /// Web: www.sonnenscheine.de /// Öffnungszeiten: montags bis freitags 10.00–18.30 Uhr, samstags 10.00–15.00 Uhr.

STICHWORT: **RUHR-BERGBAU**

Auch wenn die Anfänge bescheiden waren: Das Muttental ist die Wiege des Ruhrbergbaus. Tief im Süden des Ruhrgebiets begann die Zukunft einer Region, die später im Verbund von Bergbau, Eisen- und Stahlindustrie die größte Industrielandschaft Europas werden sollte. Bereits um das Jahr 1000 wurde in der Gegend um das heutige Witten nach Steinkohlen gegraben. Der Sage nach hat ein Hirtenjunge die Kohle entdeckt, als die Steine seiner Feuerstelle morgens glühten. Denn das schwarze Gold lagerte direkt unter der Erdoberfläche, während es im nördlichen Ruhrgebiet – etwa in Gelsenkirchen – mehrere hundert Meter tief in der Erde lag.

Über Jahrhunderte war die Kohlengräberei im Ruhrtal eher eine Nebenbeschäftigung: sie wurde von Bauern und Köttern betrieben, wenn neben der Arbeit in der Landwirtschaft noch Zeit blieb. Je nach Bedarf grub man „Pingen" oder „Pütts" – brunnenartige Löcher, durch die man sich einen Zugang zur Kohle verschaffte.

Als adelige Grundherren den wirtschaftlichen Nutzen des Bergbaus erkannten, wurde das freie Kohlengraben verboten. Fortan wurde der Bergbau nicht mehr für den Eigenbedarf, sondern für den Verkauf betrieben und sicherte den Köttern und Bauern in zugewiesenen Gruben ein zusätzliches Einkommen. Die Kohle wurde hauptsächlich in Schmieden verwendet, vereinzelt auch als Heizmaterial.

An wirtschaftlicher Bedeutung gewann der Bergbau, als die Steinkohle im 18. Jahrhundert bei der Eisenverhüttung eingesetzt und die erforderlichen Transportwege geschaffen wurden. Fortan wurde der Steinkohlenbergbau – gegen den Widerstand adeliger Bergwerksbesitzer – unter staatliches Direktionsprinzip gestellt: Unter Freiherr vom Stein entstand das so genannte Bergamt. Dies brachte den Bergleuten einerseits Nachteile wie Lohnsenkungen und Arbeitszeitverlängerung, andererseits Privilegien wie die Befreiung bestimmter Steuern oder vom Militärdienst. Zudem bildete sich mit den Knappschaften eine für die damalige Zeit außergewöhnliche sozialpolitische Einrichtung mit Lohnfortzahlung im Krankheitsfall, Krankenversicherung, Arbeitsunfähigkeitsrente, Witwen- und Waisenrente und anderes mehr.

Von 1735 bis 1806 vervierfachte sich die Kohleproduktion. Schon vor 1900 war das Ende des Bergbaus im Ruhrtal abzusehen. Während im Norden des Ruhrgebiets große Tiefbauanlagen mit fabrikartigen Fördertechniken entstanden, erwiesen sich die Zechen im Ruhrtal aufgrund der schlechteren Flözverhältnisse und starker Wasserzuflüsse in den Gruben als unrentabel. Die Tiefbauzechen soffen ab und waren damit für immer zerstört, weil mit der Schließung auch die Wasserhaltung eingestellt wurde. Die Grubenbauten der alten Stollenzechen blieben erhalten und wurden während der beiden Weltkriege zum Teil in Selbsthilfe wieder in Betrieb genommen, um Brennmaterial zu gewinnen. Seit Mitte des 20. Jahrhunderts ist der Bergbau im Ruhrtal wirtschaftlich nahezu bedeutungslos.

TOURTIPP 1: BERGBAU-RUNDWEG MUTTENTAL – FRÜHER BERGBAU IN WUNDERSCHÖNER NATURLANDSCHAFT

Der neun Kilometer lange Rundweg durch das Muttental ist einer der schönsten Rundwege im Ruhrgebiet überhaupt und vereint auf abwechslungsreiche Art und Weise Kultur, Geschichte und Natur. Am Weg liegen – eher wie zufällig dahingestreut – über 30 Relikte aus 450 Jahren Bergbaugeschichte: Stollen und Mundlöcher, Fördergerüste und Zechengebäuden, Halden, Schächte und geologische Aufschlüsse, bei denen die oberflächennahe Lagerung der Kohle ablesbar ist. Dabei erwartet den Wanderer keine Tour durch eine von Schwerindustrie geprägte Landschaft, vielmehr besticht das Muttental – benannt nach dem Bachlauf der Mutte – durch seine abwechslungsreiche und wunderschöne Naturlandschaft mit Wäldern, Wiesentälern und Bächen.

Tipp
Die Tour dauert je nach Gehzeit drei bis vier Stunden und enthält teilweise starke Steigungen. Gutes Schuhwerk und dem Wetter angepasste Kleidung sind unerlässlich. Nur für geübte Radfahrer geeignet.

Start und Ziel des Rundweges ist der Parkplatz des Industriemuseums Zeche Nachtigall in Witten Bommern. Vorbei am 1321 erstmals erwähnten Gut Steinhausen, in dem heute ein Restaurant untergebracht ist, geht es zunächst zum Gruben- und Feldbahnmuseum Zeche Theresia. Den Weg zum nahe gelegenen Industriemuseum Zeche Nachtigall kann man an Fahrtagen mit der Muttenthalbahn zurücklegen.

Nächste Station ist das so genannte Bethaus der Bergleute aus dem Jahr 1830 mit seinem kleinen bergbaugeschichtlichen Museum. Im Untergeschoss war früher eine Schmiede untergebracht, im Obergeschoss ein Gebets- und Versammlungsraum. Wenn zum Arbeitsbeginn die Schichtglocke läutete, mussten sich die Bergleute zu einer kurzen Andacht versammeln, bevor es mit Keilhaue und Hacke in die Grube ging. Von hier aus verläuft der Weg nicht mehr über Asphalt, sondern als Wanderweg.

Ein eindrucksvolles Erlebnis ist auch die Einfahrt in den 130 Meter langen Besucherstollen Nachtigall. Hier können verschiedene Ausbauarten besichtigt werden, Fragen zur Bewetterung werden erläutert, ein Flöz lässt die Lagerung der Kohle im Gestein erkennen. Die Besichtigung des Stollens ist allerdings nur im Rahmen einer Führung möglich.

Als Spazierweg in einem Naherholungsgebiet ist der Weg öffentlich zugänglich und kann auf eigene Faust erkundet werden; die einzelnen Objekte sind aufwändig mit sehr informativen Erläuterungstafeln beschildert. Auch der Rundweg selbst ist als Wanderweg A 3 hervorragend ausgeschildert.

Weitere Informationen
Gruppenführungen mit Ausflugsprogramm, auf Wunsch mit Knappenfrühstück, Steigermahl, Radtour, Schiffsrundfahrt auf den Routen der alten Kohlenschiffe, Fahrt mit dem Museumszug auf der Ruhrtalbahn etc. sowie museumspädagogische Programme für Schulklassen und Kindergeburtstage organisiert der Stadtmarketing Witten.

Stadtmarketing Witten
Stadtmarketing Witten GmbH
Tourist & Ticket Service
Marktstraße 7
58452 Witten
Tel: 02302.12233
Fax: 02302.12236
E-Mail: info@stadtmarketing-witten.de
www.stadtmarketing-witten.de

Hier ist auch der Wanderführer „Bergbau-Rundweg Muttental" erhältlich, der eine Orientierungskarte enthält.

TOURTIPP 2 : GRUBEN- UND FELDBAHNMUSEUM ZECHE THERESIA IN WITTEN – MIT DER ROMANTISCHEN MUTTENTHALBAHN ZUR ZECHE NACHTIGALL

Kontakt
Gruben- und Feldbahnmuseum Zeche Theresia
Nachtigallstraße 27–33
58452 Witten-Bommern
Web: www.muttenthalbahn.org

Der Eintritt in das Gruben- und Feldbahnmuseum ist frei.

Hier schlagen Kinderherzen höher und technikbegeisterte Väter kommen voll auf ihre Kosten: im kleinen Gruben- und Feldbahnmuseum unterhalb des Schlosses Steinhausen in Witten-Bommern auf dem Gelände der 1892 stillgelegten Zeche Theresia unweit der Zeche Nachtigall.

Mit viel Liebe zum Detail und mit noch viel mehr ehrenamtlichem Engagement restauriert der gemeinnützige Verein Arbeitsgemeinschaft Muttenthalbahn e. V. seit 1986 historische Schienenfahrzeuge aus dem Gruben- und Feldbahnbereich. In den denkmalgeschützten Backsteingebäuden und auf den schmalspurigen Gleisen der alten Zeche warten die kleinen stählernen Schätzchen darauf, bestaunt zu werden. Die Fahrzeugsammlung besteht mittlerweile aus 87 Lokomotiven und gut 200 Waggons: Diesel-, Elektro- und Preßluftlokomotiven, Personen- und Förderwagen aus dem Bergbau sowie zahlreiche Loren aus dem Feldbahnbereich. In der Lokhalle und weiteren Ausstellungsräumen erhalten Besucher einen Einblick in die Geschichte und Gegenwart der Gruben- und Feldbahnen.

Und wer schon immer einmal auf dem Führerstand einer Feldbahn-Diesellok mitfahren, alte Technik hautnah erleben und begreifen wollte, ist hier genau richtig. Im Führerstand der alten Feldbahn-Diesellok sind lauter „Schmalspurbahnliebhaber" versammelt – Kenner historischer Schienenfahrzeuge und begeisterte Bewunderer der Technik der kleinen Loks, in der keine Digitalanzeige leuchtet und kein Knopf blinkt.

Zudem rumpelt auf dem Gleisnetz der Zeche Theresia an bestimmten Fahrtagen die Muttenthalbahn: Besucher können vom Parkplatz Nachtigallstraße direkt bis in das Gruben- und Feldbahnmuseum Zeche Theresia und auch weiter bis in das Westfälische Industriemuseum Zeche Nachtigall fahren.

Das familienfreundliche Angebot des Gruben- und Feldbahnmuseums findet großen Anklang. Besonders gelobt werden die geheimnisvollen Nachtfahrten. Größere Gruppen können nach Absprache auch außerhalb der regulären Öffnungszeiten Besichtigungstermine vereinbaren – je nach Lust und Laune mit zünftigem Bergmannsfrühstück oder Mittagessen in der Gaststube.

Öffnungszeiten
Ostern bis einschließlich Oktober jeweils am 1. und 3. Sonntag des Monats 10.00–18.00 Uhr. Genaue Termine auf der Internet-Seite.

Tipp
Die Museums-Caféteria sorgt an allen Öffnungstagen mit frischen Waffeln, Bockwurst, Schmalzbroten sowie heißen und kalten Getränken für das leibliche Wohl.

Weitere Informationen
Stadtmarketing Witten GmbH
Tourist & Ticket Service
Marktstraße 7
58452 Witten
Tel: 02302.12233
Fax: 02302.12236
E-Mail: info@stadtmarketing-witten.de
www.stadtmarketing-witten.de

HENRICHSHÜTTE HATTINGEN

Ausgeblasen – der älteste Hochofen des Reviers

AUSGEBLASEN – DER ÄLTESTE HOCHOFEN DES REVIERS

Eines der traditionsreichsten Hüttenwerke der Region: die 1854 gegründete Henrichshütte. Hier wurden Erz und Kohle gefördert, Koks, Eisen und Stahl produziert, gegossen, gewalzt, geschmiedet und bearbeitet – alles unter einem Dach. Über 10.000 Menschen haben auf der Henrichshütte gearbeitet – ein Werk, das die Geschichte der Stadt prägte und zum Symbol wurde für Aufstieg, Blüte und Niedergang der Eisen- und Stahlindustrie an der Ruhr. 1987 wurden die Hochöfen für immer ausgeblasen – nach monatelangem „Hüttenkampf" und gegen den erbitterten Widerstand der ganzen Region. Seit 1989 ist der Hochofen 3, der älteste im Ruhrgebiet, ein „Ausstellungsstück" des Westfälischen Industriemuseums des Landschaftsverbandes Westfalen-Lippe.

Nach umfangreichen Umbauten und Sanierungen führen heute drei Rundgänge durch das 50.000 Quadratmeter große Gelände der ehemaligen Henrichshütte. So schlängelt sich etwa der „Weg des Eisens" durch Erz- und Kohlebunker hindurch, vorbei an Maschinenhaus und Winderhitzern, hinauf auf den Hochofen 3 und wieder hinunter in die Gießhalle. Auf Fotos, in Texten, Filmen und Tonbandaufnahmen berichten Menschen von ihrer früheren Arbeit auf der Hütte und erzählen ihre Geschichte von Arbeit und Leben mit Eisen und Stahl.

Bei den Führungen für Kinder, Jugendliche und Erwachsene kann man die Henrichshütte aus ganz verschiedenen Blickwinkeln kennen lernen – vom „Sonntags-Spaziergang" bis zur Mitmach-Aktion in der Schaugießerei, von der „Ofenreise" bis zur stimmungsvollen „Spätschicht", einer Erlebnisführung durch das illuminierte Hüttenareal.

VON GRAF HENRICH ZUM HÜTTENKAMPF

Etwa um 1850 hatte Graf Henrich zu Stolberg-Wernigerode einen neuen Standort für ein Eisenwerk gesucht. Vorhandene Kohlen- und Eisenflöze, die Vorzüge der Ruhr als Transportweg sowie der Sprockhöveler Bach als Antriebsquelle für mechanische Maschinen schienen Erfolg versprechende Standortvorteile zu sein: 1855 wurde der Hochofen 1 in Hattingen angeblasen – gegen Proteste der umliegenden Bauern, die sich gegen die sichtbaren Emissionen wandten: an der frischen Luft aufgehängte Wäsche musste mitunter wieder gewaschen werden. 1869 erhielt die Hütte einen Gleisanschluss an die Ruhrtalbahn, da die Ruhrschifffahrt auch wegen häufiger Hochwasser nicht mehr rentabel war.

Während des Ersten Weltkrieges wurden vor allem Kriegsgeräte bis hin zu Flugzeug- und U-Boot-Teilen produziert, Teile für den Eisenbahn- und Walzwerksektor sowie Kesselbleche. Am Ende des Zweiten Weltkrieges war die Hütte durch Luftangriffe der Alliierten fast vollständig zerstört worden. Im Zuge des Wiederaufbaus spezialisierte man die Produktpalette und exportierte fortan weltweit unter anderem Reaktordruckgefäße, Bohrinselteile und High-Tech-Magneten für Kernforschungsanlagen. In den 1950er Jahren waren fast 11.000 Menschen in der Henrichshütte beschäftigt. Aufgrund des zunehmenden Flächenbedarfs wurde 1959 sogar die Ruhr verlegt. Infolge der Stahlkrise wurden ab 1963 erste Bereiche der Henrichshütte stillgelegt, 1987 der letzte Hochofen ausgeblasen. Unter großer Anteilnahme der Bevölkerung und begleitet von lautstarken Protesten zerlegten chinesische Arbeiter ein Jahr später den Hochofen II in seine Einzelteile und bauten ihn in China zur Produktion wieder auf.

1855 wurde der „Hochofen 1" angeblasen

Stilllegung: 1987

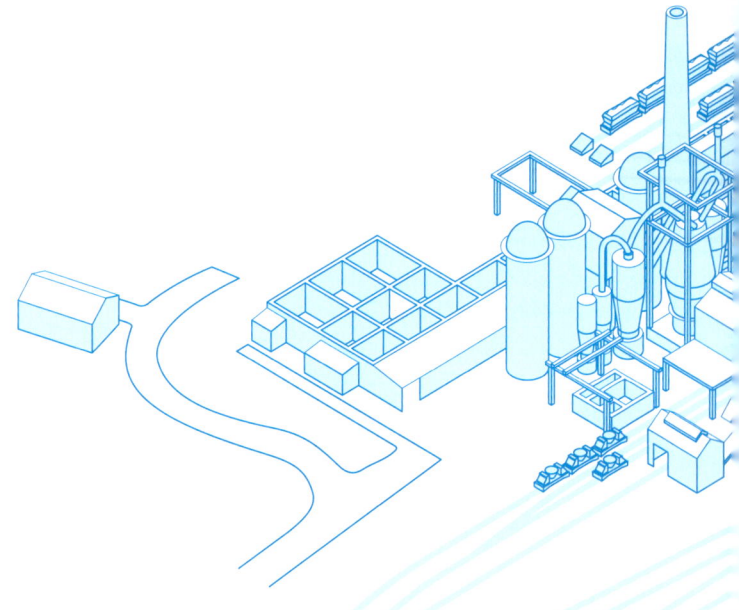

**Westfälisches Industriemuseum
Henrichshütte**
Werksstraße 31–33, 45527 Hattingen
Tel.: 02324.9247–140
E-Mail: henrichshuette@lwl.org
Web: www.henrichshuette.de

Öffnungszeiten:
dienstags bis sonntags 10.00–18.00 Uhr
(Einlass bis 17.00 Uhr) sowie freitags bis
21.30 Uhr

Führungen:
Gruppenführungen für Jugendliche und
Erwachsene von unterschiedlicher Dauer
und thematischen Schwerpunkten nach
Absprache.

Anfahrt:
mit dem Auto: A 43 bis Abfahrt Witten-
Herbede, Hinweisschildern folgen.
mit dem öffentlichen Nahverkehr: von
Hattingen Mitte bzw. Bochum HBF Bus

Service ← **HENRICHSHÜTTE** 179

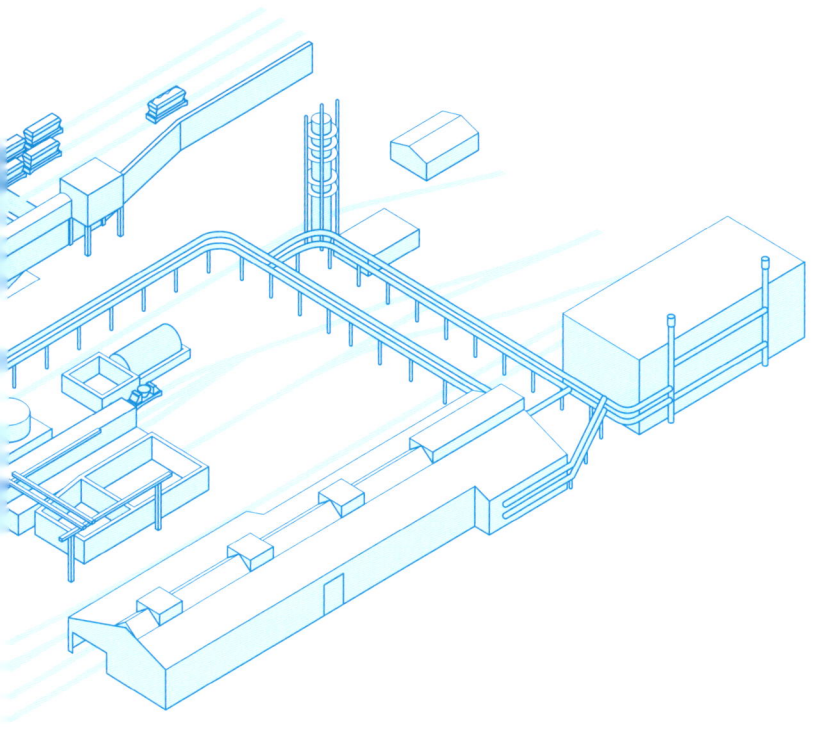

SB 37 oder CE 31 bis „Henrichshütte", dann ca. 5 Minuten Fußweg; von Hattingen-Mitte auch mit Bus 335 bis zur Haltestelle „Industriemuseum" mit dem PKW

Weitere touristische Informationen:
Verkehrsverein Hattingen /// Höhenweg 17
45529 Hattingen /// Tel.: 02052.961543
Web: www.verkehrsverein-hattingen.de
EN-Agentur /// Am Walzwerk 25
45527 Hattingen /// Tel.: 02324.5648–0
E-Mail: info@en-agentur.de
Web: www.ennepe-ruhr-tourismus.de

👁 HOCHOFEN 3

Der turmhohe Ofen ist das größte „Ausstellungsstück" im Industriemuseum Henrichshütte, zusammen mit den Winderhitzern, dem Maschinenhaus, den Erz- und Koksbunkern und den Transportbändern. Besucher können dem „Weg des Eisens" folgen und auf diese Weise die Arbeitsbedingungen im Hochofenbereich kennen lernen. Ein gläserner Aufzug führt auf die verschiedenen Ebenen des stillgelegten Hochofens, das letzte Stück bis zum Dach muss man zu Fuß über schmale Treppen zurücklegen – nichts für Leute mit Höhenangst oder schlechter Kondition. Gutes Schuhwerk empfehlenswert!

GASBLÄSEHALLE

Als die Henrichshütte noch in Betrieb war, war die Gasgebläsehalle das Herzstück der Wind- und Energieversorgung. 2004 wurde sie denkmalgerecht restauriert. Durch ein quadratisches Fenster in der Galerie des Restaurant hat der Besucher die ganze Halle mit ihren gigantischen Maschinen im Blick: Hier stehen heute drei Technik-Generationen jener Maschinen, die den „Hochofenwind" erzeugten. Keine der ehemals elf Original-Großgasmaschinen der Henrichshütte konnte vor der Verschrottung gerettet werden. Deshalb wurde eigens eine 500 Tonnen schwere Großgasmaschine – eine der letzten ihrer Art in Deutschland – von der Georgsmarienhütte bei Osnabrück hierher umgesetzt. Außerdem demonstriert ein Dampfhammer die Weiterverarbeitung von Eisen und Stahl. An die historische Halle schließt sich ein neuerer Teil an, der heute als Veranstaltungshalle genutzt wird. In der benachbarten Kraftzentrale ist ein Feuerwehrmuseum untergebracht.

🍴 HENRICHS - RESTAURANT UND BIERGARTEN

Modernes Restaurant, Bar und Lounge in einem und direkt auf dem Gelände der Henrichshütte – Perfekte Einkehr vor oder nach dem Besuch des Industriemuseums. Von der gläsernen Galerie hat man einen tollen Blick in die lichtdurchflutete Maschinenhalle. Atmosphäre: von locker bis stylisch. Preise: mittel. Sommertags Biergarten im Außenbereich direkt unter dem Hochofen.

Heinrichs – Restaurant und Biergarten /// Werksstraße 31–33 /// 45527 Hattingen
Tel.: 02324.685963 /// Web: www.henrichs-restaurant.de /// Öffnungszeiten: Dienstags bis sonntags 12.00–24.00 Uhr, montags Ruhetag.

DIERGARDTS KÜHLER GRUND

Ein bürgerlicher und gediegener Landgasthof wie aus dem Bilderbuch, nur fünf Autominuten von der Hattinger Henrichshütte entfernt. Schöner Außenbereich unter alten Kastanien, innen verschieden gestaltete Speise- und Festsäle im Landhausambiente – dennoch kein Ort für Wanderburschen in Galoschen und verschwitztem Karo, sondern eine gepflegte Einkehr, die mit weißem Tischtuch aufwartet. Die Küche hat eine nahezu unglaubliche Bandbreite, die sämtliche Speisen perfekt zubereitet. Darunter Saisonales wie Spargel oder Gänsebraten, Regional-Rustikales wie etwa „Ruhrpöttken" (Filetpfanne mit Spiegelei und frischen Gemüsen und Bratkartoffeln), Klassisches mit Wiener Schnitzel und Fischpfanne bis hin zu Kreationen, die auch anspruchsvolle Zungen befriedigen: zu Diergardt's (Ess-) Klasse zählen etwa gebratene Jakobsmuscheln auf warmem Bärlauch-Spahetti-Salat. Publikum: gemischt, überwiegend familiär. Service: so wie er sein sollte, nämlich zuvorkommendes und geschultes Personal, das trotzdem locker bleibt. Preise: goldene Mitte.

Diergardts Kühler Grund /// Am Büchsenschütz 15 /// 45583 Hattingen Tel.: 02324.96 03-0 www.diergardt.com /// Öffnungszeiten montags bis sonntags ab 11.00 Uhr; Küche 12.00–14.30 und 18.00–22.00 Uhr, donnerstags Ruhetag.

STICHWORT: DIE RUHR – VON DER WASSERSTRASSE ZUM NAHERHOLUNGSZIEL

Hamburg liegt an der Elbe, Düsseldorf am Rhein. Und die Städte des Ruhrgebiets? Die meisten liegen mitnichten an dem Fluss, dem die ganze Region ihren Namen verdankt. Ganz tief im Süden des Reviers schlängelt sich die Ruhr durch ein schmales Tal, das heute ein Naherholungsgebiet ist. Vor 200 Jahren begann hier die Industrialisierung. Die technische Entwicklung der Steinkohlenförderung ging mit einem Aufschwung der Eisenverhüttung und des Maschinenbaus einher, was wiederum die Nachfrage nach Kohle steigerte. So entstanden aus anfänglich kleinen Familienunternehmen wie Dinnendahl, Harkort, Haniel und Jacobi größere Hüttenbetriebe und später die ersten Maschinenwerkstätten.

Als die Ruhr 1780 zwischen Langschede und Unna bis zur Mündung in den Rhein bei Ruhrort schiffbar wurde, entwickelt sich der Fluss zur Pulsader der Region. Transportiert wurden Handelsgüter und gewerbliche Produkte, ebenso wie die Kohle, die man in zunehmendem Maße in der näheren Umgebung abbaute. Seit 1787 fuhr im Rauendahl bei Bochum eine von Pferden gezogene Bahn auf Schienen die Kohle zur Verladestation an die Ruhr – vielleicht die erste „Eisenbahn" auf deutschem Boden.
Die Kohlenkähne waren holländischen Plattbodenschiffen nicht unähnlich – zahlreiche Untiefen im Fluss erlaubten keinen Tiefgang. Flussabwärts ging die Fahrt meist unter Segel. Flussaufwärts erlaubte die Ruhr wegen mangelnder Breite kein Kreuzen gegen die Strömung – hier musste Muskelkraft eingesetzt werden. Wohlhabende Kapitäne ließen sich von Pferden auf Leinpfaden entlang der Ruhr stromaufwärts ziehen. Schleusen wurden gebaut, später Wasserkraftwerke und Stauseen wie der Baldeneysee im Essener Süden.
Vielfältige industriegeschichtlich interessante Bauwerke entlang des Flusslaufes erzählen von der Zeit der frühen Industrialisierung der Region. Heute gehört der ehemals meistbefahrene Fluss Deutschlands den Freizeitskippern in ihren Motor- und Segelyachten, den Surfern und Kanuten, und vor allem den vielen Wasservögeln, die hier ihr Paradies gefunden haben.

 Wer tiefer in das Thema eintauchen will, dem sei ein Besuch des Aquarius Wassermuseums in Mülheim empfohlen. Das multimediale Museum ist in einem denkmalgeschützten Wasserturm untergebracht und informiert über die Geschichte der Ruhr sowie die Wassergewinnung.
Aquarius Wassermuseum /// Burgstraße 70
45476 Mülheim an der Ruhr /// Tel.: 0208.4433390
Web: www.aquarius-wassermuseum.de

TOURTIPP: DAS RUHRTAL ERKUNDEN – PER RAD, PER KANU ODER MIT DEM MUSEUMSZUG

Radtourenplanung per Internet
Web: www.ruhrtalradweg.de

Kartenempfehlung
Radwanderkarte RuhrtalRadweg
Die offizielle Radwanderkarte zum RuhrtalRadweg mit 15 Kartenblättern, Maßstab 1:50.000 und erklärendem Textteil

Per Rad durchs Ruhrtal

Längst kein Geheimtipp mehr: Die schöne Landschaft des Ruhrtals lässt sich auch bestens auf dem RuhrtalRadweg genießen. Ohne Steigungen verläuft er im Tal meist direkt am Fluss und ist absolut familientauglich. Der etwa 30 Kilometer lange Abschnitt von der Henrichshütte Hattingen bis zur Zeche Nachtigall (hin und zurück) gilt als einer der schönsten des RuhrtalRadwegs, der in voller Länge von der Quelle bis zur Mündung der Ruhr in den Rhein verläuft.

Museumszug: immer wieder sonntags

Nostalgie und Landschaft pur sind garantiert – bei einer Fahrt mit der Museumseisenbahn auf der historischen Trasse der Ruhrtalbahn, die – wie der Name schon sagt – immer an der Ruhr entlang führt. An jedem 1. Sonntag von April bis November ist „Dampftag": Dann pustet das riesige Dampfross die knapp 20 Kilometer durch das mittlere Ruhrtal von Hattingen nach Wetter-Wengern. An jedem der Haltepunkte kann man aussteigen und mit einer der nächsten Pendelbahnen weiterfahren. So bleibt jede Menge Zeit für die Sehenswürdigkeiten an der Strecke – darunter Burgen- und Herrenhäuser und auch die Zeche Nachtigall in Witten-Bommern.

Termine und Informationen
Web: www.ruhrtalbahn.de

„Dampftag" im Eisenbahnmuseum

Organisiert werden die Dampf-Fahrten vom Eisenbahnmuseum in Bochum-Dahlhausen. Mit über 180 Fahrzeugen aus der Zeit von 1853 bis 1964 ist es das größte private Eisenbahnmuseum Deutschlands und gehört zum Pflichtprogramm für kleine und große Bahnfans. Viele Dampfrösser aus der guten alten Zeit gibt es hier zu bestaunen und sogar einen Abteilwagen des legendären Orient-Express – Anfassen erlaubt.

Außerdem laden die Feldbahn und die Handhebeldraisine zum Mitfahren durchs Museumsgelände ein. Und für die beliebten Führerstandsmitfahrten auf einer kohlegefeuerten Dampflokomotive wird die 1918 gebaute „preußische P8" alias 38 2267 angeheizt. Hier kann man Lokführer und Heizer über die Schulter schauen und einen Blick in die Feuerkiste werfen.

Kontakt
Eisenbahnmuseum
Bochum-Dahlhausen
Dr.-C.-Otto-Straße 191
44879 Bochum
Tel.: 0234.492516
www.eisenbahnmuseum-bochum.de

Öffnungszeiten
mittwochs und freitags sowie sonn- und feiertags 10.00 bis 17.00 Uhr. Winterpause in der Regel von Dezember bis März.

Empfohlenes Kartenmaterial
Wasserwanderkarte „Das Ruhrtal"
erhältlich bei EN-Agentur
Am Walzwerk 25
45527 Hattingen
Tel.: 02324.564_-0
E-Mail: info@en-agentur.de
Web: www.ennepe-ruhr-tourismus.de

Idylle pur: eine Kanu-Tour auf der Ruhr
Verschiedene Anbieter verleihen Boote und organisieren Touren zu den schönsten Stellen.

Eine gute Übersicht bietet die Broschüre „Wasserwandern im Ruhrgebiet – Paddelspaß für alle. Aufgeführt sind die wichtigsten Verleiher von Kanus und Anbieter von Wasserwandertouren im Ruhrgebiet. Die Broschüre ist kostenlos erhältlich vom RVR, Tel.: 0201.2069–0, Web: www.rvr-online.de

Ruhrtal-Entdeckungstour

Bei dieser Tour kann man das Ruhrtal und die Ruhrberge aus unterschiedlichen Perspektiven entdecken. Der Tag beginnt mit einer Wanderung ab Wetter-Wengern durch die Ruhrberge, anschließend wird ab Witten-Herbede auf der Ruhr gepaddelt. Am Spätnachmittag geht es ab Hattingen mit dem Museumszug zurück nach Wengern.

Weitere Informationen und Tourangebote
Natur-Aktiv
Am Overbeck 38
58300 Wetter
Tel: 02335.801780
Web: www.natur-aktiv.com

Kanuwandern zwischen Witten und dem Baldeneysee

Ein- und mehrtägige Kanuwanderungen bzw. Kanukurse auf den schönsten Abschnitten der Ruhr zwischen Witten und dem Baldeneysee in Essen, unter fachkundiger Führung oder auf eigene Faust. Mietpreise für einen Zweier-Kanadier ab 30 Euro/Tag inclusive Kartenmaterial und Tourenvorschlag.

Kontakt und Informationen
Ruhr-Piraten
Auf dem Hee 29
58455 Witten
Tel.: 02302.2863030
Web: www.ruhr-piraten.com

Kanu-Tour-Ruhr: Mit dem Kanu auf der Ruhr von Hattingen nach Essen

Eine Kanufahrt auf dem schönsten Ruhrabschnitt von Hattingen bis Essen – mit der Familie, einer Gruppe oder Schulklasse. Hautnah Pflanzen und Vogelwelt vom Wasser aus beobachten: Kormorane, Stockenten, Fischreiher, Haubentaucher und verschiedene Möwenarten sind ständige Begleiter. Die Boote von Sport Zölzer können direkt an der Birschel Mühle in Hattingen ausgeliehen werden.

Kontakt und Reservierung
Sport Zölner
Kampmannsbrücke 37
45257 Essen-Kupferdreh
Tel.: 0201.487815
Web: www.kanu-tour-ruhr.de

LIVE UND IN FARBE

Der Landschaftspark Duisburg-Nord – das ist das stillgelegte Thyssen-Hüttenwerk im Duisburger Stadtteil Meiderich. Der ganze industrielle Kern der Anlage steht unter Denkmalschutz. Ein stählerner Koloss – „Big Steel": ein fast komplett erhaltenes Stahlwerk mit drei Hochöfen, riesigen Hallen, Häusern, Halden, Bunkern und einem Gasometer. Das 200 Hektar große ehemalige Werksgelände ist seit 1991 ein öffentlich zugänglicher und weltweit wohl einmaliger Park. Hier sind die stählernen Spuren der Vergangenheit zwischen jungem Grün ganz bewusst sichtbar geblieben.
Fast 80 Jahre lang wurde hier unter harten Arbeitsbedingungen Roheisen produziert – 24 Stunden rund um die Uhr, 365 Tage im Jahr. Nach der letzten Schicht am 4. April 1985 ließen die Arbeiter ihre Werkzeuge einfach fallen. Fast sechs Jahre lang wurde um die künftige Nutzung des Werksgeländes gestritten, bis der Eigentümer, die Landes-entwicklungsgesellschaft NRW, zusammen mit der Internationalen Bauausstellung Emscher Park (1989–1999) entschied, die Hochofenanlage nicht abzubrechen, sondern für künftige Generationen zu erhalten. Kultur, Tourismus, Naherholung, Naturschutz und Öko-

logie wurden die Leitideen für die Entwicklung des Landschaftsparks.
Tatsächlich sprießt heute in allen Ecken und Winkeln die Natur und erobert sich nach und nach das Industriegelände zurück. Schätzungsweise 60 Vogelarten und 300 Pflanzen haben sich neu angesiedelt. Darunter auch einige exotische Gewächse, die erst mit Erzlieferungen aus Übersee den Weg hierher gefunden haben und tatsächlich gedeihen. Ein industriegeschichtlicher Rundweg erschließt das weitläufige Gelände und erläutert den komplizierten Prozess der Verhüttung von Erz zu Roheisen. Für Kinder entstand einer der ungewöhnlichsten Spielplätze Deutschlands. Mitglieder des Deutschen Alpenvereins haben einen Kletterpark eingerichtet, ein mit Wasser gefüllter Gasometer wird von Hobbytauchern genutzt. Abends erstrahlt die Hochofenanlage in roten, blauen und grünen Farben – einer Lichtinstallation des britischen Lichtkünstlers Jonathan Park. Die ehemaligen Industriehallen wie die Kraftzentrale, die Gebläsehalle und die Gießhalle werden als Aufführungsorte für vielfältige Theater-, Tanz- und Musikveranstaltungen genutzt. Der Landschaftspark ist heute einer der Hauptspielorte der RuhrTriennale.

HÜTTENWERK WIRD PARK

Der Unternehmer August Thyssen hatte das Werk 1902 als „Aktiengesellschaft für Hüttenbetrieb" in unmittelbarer Nähe seiner Kohlefelder gegründet. 1903 begann der Betrieb mit drei Hochöfen, 1908 waren bereits fünf Hochöfen im Einsatz. Das Werk produzierte Roheisen, das in den Thyssen-Stahlwerken weiterverarbeitet wurde. Befeuert wurden die Öfen mit Koks, der durch eine Hängeseilbahn von der benachbarten Kokerei Friedrich Thyssen 4/8 antransportiert wurde.

Außer dem Hüttenwerk gab es auf dem 200 Hektar großen Gelände noch eine Schachtanlage, eine Sinterei, eine Kokerei und eine Gießerei. Die Produktion einer besonders großen Vielfalt an Spezialroheisensorten brachte dem Hüttenwerk einen exzellenten Ruf weit über das Ruhrgebiet hinaus ein. In den 82 Betriebsjahren des Werkes wurden insgesamt 37 Millionen Tonnen Roheisen produziert. 1974 erreichte die Produktion mit 948.000 Tonnen Rohstahl ihren absoluten Höhepunkt in der Werksgeschichte.

Am 4. April 1985 kam das plötzliche Aus: Das Hochofenwerk wurde eine Geisterstadt. Die lokale Politik beabsichtigte, auf dem Gelände ein neues Gewerbegebiet zu entwickeln. Quasi in letzter Minute konnte die Demontage von einer Gruppe engagierter Bürger und Fachleute verhindert werden, die sich in der „Deutschen Gesellschaft für Industriekultur e. V." zusammengeschlossen hatten. Ausschlag gebend für den Erhalt des Hüttenwerks war letztlich weniger der industriearchäologische Wert des Geländes, sondern die enormen Abrisskosten: 20 Mio. DM hätte der Abbruch gekostet, 1,5 Mio. hingegen eine Grundinstandsetzung, zuzüglich eines jährlichen Unterhaltsaufwands von 200.000 Mark.

1903 begann der Betrieb

Am 4. April 1985 kam das plötzliche Aus

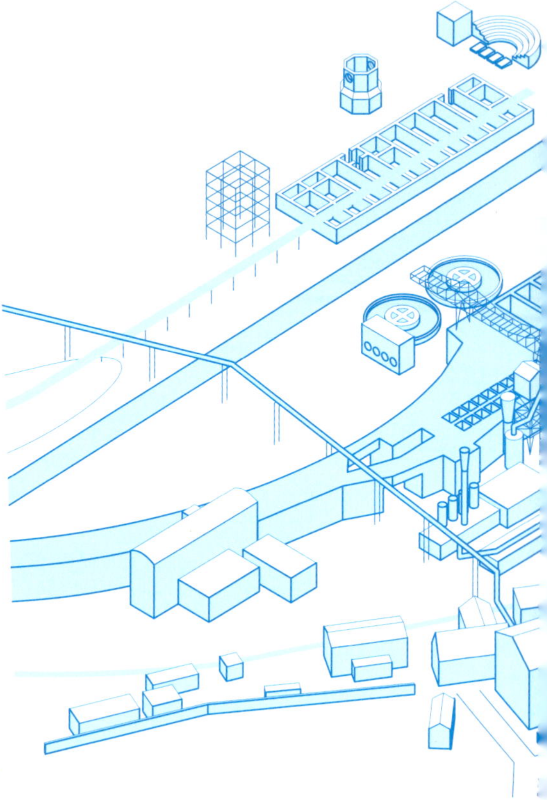

Landschaftspark Duisburg-Nord
Emscherstraße 71
47137 Duisburg
Web: www.landschaftspark.de

Öffnungszeiten:
Der Park ist rund um die Uhr und ganzjährig für Fußgänger und Fahrradfahrer geöffnet, Eintritt frei.

Besucherzentrum:
im ehemaligen Schalthaus auf dem Gelände
Tel.: 0203.4291919 /// E-Mail: info@tour-de-ruhr.de /// Öffnungszeiten: montags bis freitags 9.00–18.00, samstags, sonntags, feiertags 11.00–18.00 Uhr.

Hier befindet sich auch der Fahrradverleih RevierRad.

Führungen:
Rundgang durch das stillgelegte Hüttenwerk: ganzjährig samstags, sonntags und feiertags, jeweils 14.00 Uhr. Weitere Führungen auf Anfrage: Besucherzentrum/Tour de Ruhr GmbH /// Emscherstraße 71 47137 Duisburg /// Tel.: 0203.4291919
www.tour-de-ruhr.de

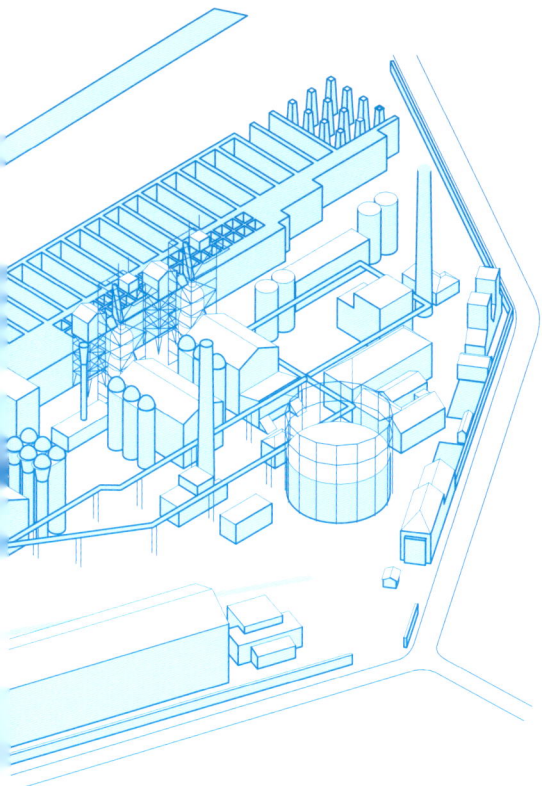

Vermietung:
Kraftzentrale, Gießhalle, der Gebläsehallenkomplex sowie Bereiche des Außengeländes können für Veranstaltungen angemietet werden: Duisburg Marketing Landschaftspark Duisburg-Nord /// Emscherstraße 71 /// 47137 Duisburg /// Tel.: 0203.712 808-20, Fax: 0203.712808-18, E-Mail: events@landschaftspark.de

Anfahrt:
mit dem Auto: A 42 Anschlussstelle „Duisburg-Neumühl", Ausschilderung „Route Industriekultur" folgen

mit öffentlichen Verkehrsmitteln: von Duisburg HBF mit Straßenbahnlinie 902 oder 903 bis „Landschaftspark-Nord", dann ca. 5 Minuten zu Fuß.

Weitere touristische Informationen:
RUHR.VISITORCENTER Duisburg /// City-Palais Königstraße 39 /// 47051 Duisburg /// Tel.: 0203.285440 /// E-Mail: service@duisburg-marketing.de /// Öffnungszeiten: montags bis samstags 10.00–19.30, April bis Oktober auch sonntags und feiertags von 10.00–14.00 Uhr.

👁 GEBLÄSEHALLE

Die 50 Meter lange Halle ist Teil des ehemaligen Dampfgebläsehauses, ein Gebäudekomplex aus der Gründungsphase des Werkes im Jahr 1902. Im Inneren befinden sich vier Elektroturbo-Gebläse, mit denen der Hochofenwind erzeugt wurde, um das Roheisen zu schmelzen. Neoromanische Rundbogenfenster und umlaufende Ornamente gaben dem Raum eine repräsentative Note. Das angrenzende Pumpenhaus lieferte das Kühlwasser für die Hochöfen. In den 1950er Jahren wurde der Komplex durch ein Kompressorenhaus ergänzt. 2002 wurde die Halle in einen multifunktionalen Theatersaal mit bis zu 700 Plätzen umgebaut, dabei sind die historischen Turbinen, Schaltschränke und Schieber integriert worden.

👁 KRAFTZENTRALE

Als das Hüttenwerk von drei auf fünf Öfen erweitert wurde, entstand zwischen 1906 und 1911 die Kraftzentrale. 170 Meter lang und 35 Meter breit, zählt sie heute zu den größten Industriehallen des Ruhrgebiets. Hier wurden zehn gichtgasbetriebene Großgasmaschinen zum Antrieb von Dynamos und sechs Gasgebläse zur Hochofenwinderzeugung betrieben: Sie versorgten das Werk und die benachbarte Werkssiedlung an der Neubreisacher Straße mit Strom. Nach der Stilllegung

1965 wurden die Maschinen verschrottet, die Halle diente als Ersatzteillager. Nach einem nur siebenmonatigen Umbau wurde die Kraftzentrale 1997 als multifunktionaler Veranstaltungsort mit Platz für 500 bis 6.000 Gäste eröffnet. Die großformatigen Industriefotografien an der Außenfassade stammen von dem Künstlerpaar Hilla und Bernd Becher.

👁 HOCHOFEN 5

Im wahrsten Sinne des Wortes ein Höhepunkt auf dem Parkrundweg: die Besteigung des Hochofens 5, der zu einem Aussichtsturm umfunktioniert wurde. Über schier endlose Treppen gelangt man auf die Aussichtsplattform in 80 Metern Höhe und kann den Panoramablick auf den Landschaftspark, die Stadt Duisburg und weite Teile des westlichen Ruhrgebiets genießen.

👁 BUNKERGÄRTEN

In fast klösterlicher Abgeschiedenheit entstanden in den Erzbunkern der ehemaligen Sinteranlage kleine Bunkergärten. In hartem Kontrast mit den dunklen Betonwänden sprießen in wunderschön angelegten Beeten jede Menge Blumen, Buchs und edle Bäumchen. Ein kleines Paradies, in dem Bänke zum Verweilen einladen.

👁 GASOMETER

Hier wurde das Gichtgas gespeichert, das bei der Roheisenproduktion entstand. Heute ist der Gasometer mit Wasser geflutet. In 13 Metern Tiefe geben ein künstliches Riff und ein Schiffswrack die phantasievolle Unterwasser-Kulisse und ein Trainingszentrum für Tauchsportler ab. Das ehemalige Hochofenbüro ist seit 1994 Klubhaus des Vereins „Taucher im Nordsternpark".

👁 GIESSHALLE

Die riesige, halb offene Gießhalle ist Teil des Hochofens 1. Hier wurde zu Betriebszeiten des Hüttenwerks etwa alle zwei Stunden „abgestochen". Das flüssige Roheisen floss direkt aus dem Hochofen in ein Bett aus Formsand und erstarrte hier zu Eisenbarren, so genannten Masseln. Mit Wasser gekühlt, wurden sie anschließend zur Weiterverarbeitung in die Gießerei oder das Stahlwerk transportiert. Das Gittermauerwerk der Hallenwände diente zur Durchlüftung. Seit Mitte der neunziger Jahre wird die Halle für Konzerte, Theater und Open-Air-Kino genutzt.

👁 KLETTERGARTEN IM ERZBUNKER

Ideale Voraussetzungen für Alpinisten: Seit 1990 betreibt die Sektion Duisburg des Deutschen Alpenvereins einen eigenen Klettergarten im Landschaftspark Duisburg-Nord. Anfänger und erfahrene Kletterer erklimmen die steilen Wände und genießen in Schwindel erregender Höhe die Aussicht vom Gipfelkreuz.

HAUPTSCHALTHAUS

Mitten auf dem Gelände des ehemaligen Hüttenwerks, im alten Hauptschalthaus, sorgt heute ein Bistro-Restaurant für das leibliche Wohl der Besucher. Hier kann man an einem alten Ruhrgebietsarbeitsplatz ganz in Ruhe auf jene spektakuläre Lichtinszenierung am Hochofen warten, die das stillgelegte Werk bei Einbruch der Dämmerung in rot, grün und blau taucht.

Auf der bunt gemischten Karte stehen schnelle Klassiker wie die Original Berliner Currywurst mit Pommes Frites, kleine Snacks wie Gemüseküchlein und Salat oder Weißwürstchen mit süßem Senf und Laugenstange bis zu Hauptgerichten rund um Nudeln & Co. Sommertags Biergarten. Ambiente: locker und rustikal, Publikum: allesamt Ausflügler, Preise: günstig.

Hauptschalthaus /// Emscherstraße 71 /// 47131 Duisburg /// Tel.: 0203.41799180
Web: www.hauptschalthaus.de /// Öffnungszeiten: Dienstags bis sonntags 11.00–24.00 Uhr, montags Ruhetag.

🍴 ZUM REICHSADLER

Eine Gaststätte von altem Schrot und Korn, wie sie auch im Ruhrgebiet inzwischen selten geworden ist. Im Reichsadler von Wilhelmine Mißmahl in Duisburg-Rheinhausen – gut zehn Minuten mit dem Auto vom Landschaftspark entfernt – weiß man noch nichts von neumodischem Häckmäck wie Event-Gastronomie, hier wird einfach bewirtet wie zu Großmutters Zeiten: ehrlich, geradeheraus und extrem preiswert. Man tritt ein und ist beeindruckt: Eine schöne hölzerne Schwingtür als Windfang, ein großer Saal mit robusten alten Tischen, dafür ohne künstliche Trennwände und nur wenig Deko-Firlefanz, eine wuchtige Jugendstil-Theke, und an der Wand die Sparkassen-Vorrichtung, die früher in keiner Ruhrgebiets-Kneipe fehlen durfte. Wie schön doch so ein eigentlich stinknormales Gasthaus sein kann, das schlicht ein paar Modeerscheinungen der vergangenen Jahrzehnte ignorierte. Die Karte offeriert deutsche Standards wie Schnitzel und Hackbraten zum absoluten Sozialtarif. Das Publikum ist angenehm gemischt. Da finden sich vorlaute Zecher-Runden ebenso wie Edelproletarier mit Gattin und Krupp-Zusatzrente, schließlich jene schwermütigen Zeitgenossen, denen man ansieht, dass es ihnen woanders zu teuer ist. Ein Revier-Soziogramm auf kleinstem Raum – sehenswert!

Zum Reichsadler /// Atroper Straße 63 /// 47226 Duisburg-Rheinhausen Tel.: 02065.74250 Web: reichsadler-rheinhausen.de /// Öffnungszeiten: täglich von 10.00 Uhr bis zum Schluss, kein Ruhetag.

🍴 BRAUHAUS SCHACHT 4/8

Ein echtes, historisches Brauhaus, mitten auf der Duisburger Einkaufsmeile. Benannt nach dem letzten Schacht der Zeche Friedrich Thyssen im Duisburger Norden, feiert das Haus große Ruhrpottgeschichte: Absolut alles ist auf Kumpel Anton-Nostalgie gedreht. Wen das nicht stört, genießt bei einem original Grubengold-Pils den riesigen Schanksaal samt Marmorsäulen und schmucker Holzkassettendecke über blitzblanken Kupferkesseln. Die Karte bietet einfache Gerichte zwischen „Knappenteller" mit hausgemachter Frikadelle und Kartoffelsalat für 5,40 Euro, „Wat zum Reinhauen" mit Panhas am Schwenkmast bis zum „Malocherschnitzel" mit Pommes Frites. Atmosphäre: kneipig. Preise: gemäßigt.

Brauhaus Schacht 4/8 /// Düsseldorfer Straße 21 /// 47051 Duisburg /// Tel.: 0203.28100–0
Web: www.brauhaus-schacht-4-8.de /// Öffnungszeiten: Montags bis donnerstags 11.00–00.30, freitags 11.00–02.00, samstags 09.00–02.00, sonntags 10.00–24.00 Uhr

¡¡¡ IM EICHWÄLDCHEN

Das idyllisch in einem kleinen Eichenwald gelegene Feinschmeckerrestaurant zählt zu den besten der Stadt. Auf den Tisch kommen meisterlich zubereitete Speisen der regionalen und saisonalen Küche, die Kritiker und Gäste gleichermaßen beeindrucken. Solch ein besonderes Vergnügen hat natürlich seinen Preis: Die mediterrane Fischsuppe mit Gewürzcroustillants kostet 14 Euro, das Filet vom Seeteufel mit Krustentiersauce, Pfifferlingen, geschmortem Ochsenschwanz und Basilikumgnocchi 29 Euro, ein warmes Rhabarber-Brioche-Küchlein mit Erdbeersauce und Vanilleeis gibt's für 6,50 Euro. Dazu gibt's jeweils passende Weinempfehlungen. Sommertags sitzt man draußen am Weiher. Ambiente: edel, hell, elegant. Preise: gehoben.

Im Eichwäldchen /// Im Eichenwäldchen 15 c /// 47259 Duisburg /// Tel.: 0203.787346 www.imeichwaeldchen.de /// Öffnungszeiten: dienstags bis freitags 12.00–14.00 und ab 18.00, samstags und sonntags ab 18.00 Uhr

¡¡¡ GASTHOF BRENDEL

Alles neu. Alles bleibt. Unter diesem Motto hat der alte Gasthof Brendel inmitten einer Arbeitersiedlung kürzlich einen Relaunch hingelegt, der rundum gelungen ist – optisch wie kulinarisch. Dirk Brendel und Team bringen in diesem Top-Restaurant „hochwertige Gerichte zu moderaten Preisen" auf den Tisch. Für diesen Qualitätsanspruch erhielt das Brendel 2010 vom Michelin den „Bib Gourmand" – eine Auszeichnung, die für die besten, besonders preiswerten Restaurants vergeben wird. Neu dazugekommen ist ein lässig-charmantes Bistro mit schönen, edelhölzernen Stehtischen, in dem kleine, schnelle, frische Gerichte aus der regionalen Küche, Pasta und Fingerfood serviert werden. Die Speisekarte des Restaurants hat einen deutlichen neudeutschen Einschlag, ebenso die exzellente Weinkarte. Alles in allem genau das Richtige für Genussmenschen. Atmosphäre: schön, schlicht, geschmackvoll.

Brendel /// Kaiserstraße 81 /// 47229 Duisburg-Friemersheim /// Tel.: 02065.47016 Web: www.brendel-gastronomie.de /// Öffnungszeiten: dienstags bis freitags 12.00–15.00, 18.00–24.00, samstags 18.00–24.00, sonntags 17.00–21.00 Uhr.

🛏 FERROTEL

Mit edlem Design und originellen Ideen macht das originell-charmante Drei-Sterne-Haus mitten in der Duisburger Innenstadt die Industriekultur des Ruhrgebiets zum Hotelerlebnis. Die 30 Hotelzimmer sind Ruhezonen und Galerie zugleich: Neben selbstverständlichem Komfort wie Bad oder Dusche, Telefon, kostenlosem High-Speed-Internetzugang, Kabel-TV und Minibar sorgen spektakuläre Fotos und historische Gebrauchsgegenstände aus dem ehemaligen Hochofenwerk wie Barometer und Messgeräte für ein kunstvolles Ambiente. Das Ferrotel Duisburg ist offizielles Partnerhotel der RuhrTriennale und bietet verschiedene Arrangements mit Hotelübernachtung, Eintrittskarte zu Triennale-Veranstaltungen sowie Führungen durch die Spielstätte Landschaftspark Duisburg-Nord oder auch das Lehmbruck-Museum. Preise: Übernachtung ab 89 Euro.

Ferrotel Duisburg /// Düsseldorfer Straße 122–124 /// 47051 Duisburg /// Tel.: 0203.28 70 85 /// Web: www.ferrotel.de

🛏 JUGENDHERBERGE DUISBURG-NORD

Wo einst „stahlharte" Arbeit verrichtet wurde, kann man heute recht komfortabel übernachten, und zwar mitten im Landschaftspark zwischen den Relikten des alten Ruhrgebietes. 2001 hat die Jugendherberge das ehemalige Verwaltungsgebäude des ehemaligen Thyssen-Hüttenwerks bezogen. Das komplett renovierte historische Gebäude bietet 142 Betten in Zwei-, Vier- und Sechsbettzimmern, alle mit Dusche und WC, ein behindertenfreundliches Zwei-Bett-Zimmer, Speiseraum, Bistro, Medienraum sowie vier Tagungsräume mit professioneller technischer Ausstattung. Preise: Übernachtung ab 24 Euro im Mehrbettzimmer. Die Jugendherberge wurde vom ADFC als fahrradfreundliche Unterkunft ausgezeichnet.

Jugendherberge Duisburg-Meiderich /// Lösorter Str. 133 /// 47137 Duisburg
Tel.: 0203.41790-0 /// www.duisburg-meiderich.jugendherberge.de

STICHWORT: INDUSTRIENATUR

Industrie und Natur – als im Ruhrgebiet die Schlote noch rauchten, war das ein Widerspruch in sich. Doch nach der Stilllegung von Zechen, Kokereien und Hüttenwerken hat sich die Natur die aufgelassenen Brachflächen mit rasanter Geschwindigkeit zurückerobert. Was auf solchen Flächen wächst und lebt, wird Industrienatur genannt, von Förstern und so genannten „Rangern" sorgsam gehegt und gepflegt. Neben gartenkünstlerisch neu gestalteten Bereichen entstand mancherorts auch eine kleine Wildnis. Zu entdecken gibt es seltene Arten, eine farbenprächtige Blütenfülle und skurrile Wuchsformen.

In alten Erzbunkern und auf Halden wachsen jetzt Birkenwälder, auf stark verdichteten Schlackeböden verbreitet im Frühjahr der Scharfe Mauerpfeffer oder der Sommerflieder seine Blütenpracht: Der Busch, auch „Schmetterlingsstrauch" genannt, siedelt gerne im trockenen Schotter stillgelegter Bahngleise. Manchmal ist die Pflanzenwelt regelrecht international. Zum Beispiel das schmalblättrige Greiskraut: eine gelbe Blüte, die wie Kamille aussieht; sie stammt aus Südafrika und kam per Schiff mit den Erztransporten ins Ruhrgebiet. Heute kann man sie vor allem auf salzhaltigen Waschbergen finden, wo sie sich ausgesprochen wohl fühlt.

Unter dem Namen Emscher Landschaftspark sind in den vergangenen zwei Jahrzehnten mehr als 200 Flächen planvoll entwickelt und durch Wegenetze wie den Emscher Park Radweg miteinander verbunden worden. Die Vision ist ein durchgehender, etwa 440 Quadratkilometer großer Regionalpark. Als Projekt regionaler Standortpolitik wird er unter ökologischen und freizeittouristischen Aspekten kontinuierlich ausgebaut.

Tipp
Die 19 schönsten und interessantesten Industrienatur-Flächen sind in der „Route Industrienatur" zusammengefasst. Dazu zählen der Landschaftspark Duisburg-Nord ebenso wie die ehemalige Kokerei Hansa, Zechen und Halden, die einst „verbotenes Land" waren. Eine gleichnamige Broschüre enthält Tourenvorschläge sowie wissenswerte Informationen zum Thema und ist für 5 Euro im Buchhandel oder im Informationszentrum Emscher Landschaftspark Haus Ripshorst in Oberhausen erhältlich. Hier kann man auch Infos und Termine zu Führungen erfragen (siehe dazu auch Seite 211)

TOURTIPP: DER GRÜNE PFAD – VOM LANDSCHAFTSPARK DUISBURG-NORD ZUM HAUS RIPSHORST IN OBERHAUSEN

Der Name hält, was er verspricht: Der Grüne Pfad ist ein etwa zehn Kilometer langer, kombinierter Rad- und Wanderweg, der entlang einer inzwischen schön bewachsenen Bahntrasse mitten durch den Landschaftspark Duisburg-Nord führt. Die historische Trasse wurde als so genannte Emschertalbahn der Köln-Mindener Eisenbahn-Gesellschaft um 1875 zwischen Oberhausen-Sterkrade und Duisburg-Ruhrort erbaut. Bis zu ihrer Stilllegung im Jahr 1987 rollte auf dieser Eisenbahntrasse der komplette Güterverkehr zwischen den Zechen, Kokereien, Kraftwerken und Hütten der Emscherregion und den Duisburg-Ruhrorter Kohlenumschlaghäfen.

Heute ist der Grüne Pfad wegen der nicht vorhandenen Steigung wie geschaffen fürs unbeschwerte Radfahren. Seinen besonderen Reiz gewinnt die Strecke durch abwechslungsreiche Ein- und Ausblicke. Wer vom Landschaftspark in Richtung Osten radelt, erreicht auf bequemen Feldwegen und Pfaden schnell den Rhein-Herne-Kanal, wo man vorerst ruhig auf dem fürs Radfahren besser geeigneten linken Ufer weiter fahren kann. Der Oberhausener Gasometer und das Haus Ripshorst liegen zwar rechts, doch kann man den Kanal über jeweils neue Brücken überqueren.

Das Haus Ripshorst liegt mitten in einem Gehölzgarten. Ein zwei Kilometer langes Gehölzband mit hunderten seltener Bäume umrandet eine weite Graslandschaft und zeigt die Vielfalt und Schönheit der Gehölze im erdgeschichtlichen Zusammenhang – vom uralten Ginko bis zum Taschentuchbaum. Sehenswert ist hier der „Indian Summer" im Herbst, wenn das Farbenspiel der Blätter seinen Zauber entfaltet. In dem ehemaligen Bauernhof Ripshorst informiert eine Dauerausstellung über die Entwicklung des Emscher Landschaftspark mit seiner eigenwilligen Industrienatur, den beeindruckenden Landmarken, neuen Parks und Gärten. Ein kleines Café ergänzt das Angebot.

Das Haus Ripshorst ist zugleich fahrradtouristische Servicestation: Hier stehen die hochwertigen Revier-Räder zum Verleih bereit, auch Radwanderkarten sind im Angebot. Gruppen ist eine Anmeldung zu empfehlen.

Kontakt und Infos
Informationszentrum Emscher Landschaftspark
Haus Ripshorst
Ripshorster Straße 306
46117 Oberhausen
Tel.: 0208.88334-83
E-Mail: hauspripshorst@rvr-online.de

Öffnungszeiten
täglich außer montags
März bis Oktober: 10.00–18.00 Uhr
November bis Februar: 10.00–17.00 Uhr

Exkursionen und Veranstaltungen:
auf Anfrage

INNENHAFEN DUISBURG

Speicherstadt wird Stadtquartier

SPEICHERSTADT WIRD STADTQUARTIER

100 Jahre lang war der Duisburger Innenhafen mit seinen Kontorhäusern, Getreidesilos und Mühlenwerken ein quirliger Hafen- und Handelsplatz. In den 1960er Jahre fielen die veralteten Lager- und Kontorhäuser nach und nach brach, 1970 entkam die historische Gebäudezeile aus dunkelrotem Backstein nur knapp dem Abriss. Schließlich gab die Internationale Bauausstellung Emscher Park (1989–1999) den Anstoß für eine städtebauliche Neuentwicklung des Innenhafens. Unter dem Motto „Arbeiten, Wohnen, Kultur und Freizeit am Wasser" begann die Umwandlung des Hafengebietes in ein modernes Arbeits- und Wohngebiet. Grundlage war ein Masterplan des Londoner Stararchitekten Sir Norman Foster, der inzwischen weitgehend verwirklicht ist. Inzwischen sind die alten Speicher umgebaut und atmen neues Leben als Büro und Gewerbe, Museum und Freizeiteinrichtung, Restaurant, Bar oder Bistro. In direkter Nachbarschaft entstand ein von Grachtenkanälen durchzogenes Wohnquartier.
Heute gilt das Gelände rund um den Duisburger Innenha-

fen als Paradebeispiel für den Wandel, den die Stadt zurzeit vollzieht. Rund um den Innenhafen ist ein urbanes, trendiges Viertel und ein gefragter Standort für Unternehmen entstanden. In den vergangenen zwei Jahrzehnten sind rings um das Hafenbecken eine ganze Reihe eindrucksvoller Neubauten hinzugekommen und verbreiten Aufbruchstimmung. Zwei weitere architektonische Meilensteine sind derzeit im Bau: Im Herbst 2011 soll der spektakuläre Erweiterungsbau für das Museum Küppersmühle, bis 2012 das neue Landesarchiv am Duisburger Innenhafen fertig sein. Schon jetzt steppt nach Büroschluss und am Wochenende der Bär auf der ständig wachsenden Gastronomiemeile direkt am Wasser. Bei einem Spaziergang auf der Promenade rund um das Hafenbecken lässt sich immer wieder Neues und auch Altes entdecken, das an die Zeit erinnert, als hier noch Frachter be- und entladen wurden.
Die neue Marina mit 133 Dauerliegeplätzen für Sportboote ist zudem Ausgangspunkt für den Bootstourismus im Ruhrgebiet. Ahoi!

DER BROTKORB DES REVIERS

Wo heute der Innenhafen ist, floss bis ins 12. Jahrhundert der Rhein. Nach einem starken Hochwasser um 1200 hatte der Strom seinen Verlauf jedoch verlegt. Eine Laune der Natur mit verheerenden Folgen für die Handelsstadt Duisburg, denn die saß fortan auf dem Trockenen. Auf den raschen Umschlag von Gütern angewiesen, entstanden in der Folgezeit zahlreiche Hafenkonzepte. Doch der direkte Rheinzugang blieb bis ins 19. Jahrhundert für die Duisburger Kaufmannschaft nur ein Traum.

1828 erster Spatenstich

Erst 1828 begannen unter der Initiative des „Rhein-Ruhr-Canal-Aktienverein" und unter Mitwirkung zahlreicher Duisburger Kaufleute die Bauarbeiten, zunächst für den heutigen Außenhafen, später für einen Kanal und das innere Hafenbecken. Der erste Spatenstich wurde groß gefeiert, am Marientor eine Gedenktafel angebracht:

Vater Rhein, Deine Welle
Spiele wieder klar und helle
wie sie in der Vorzeit hat
bis zur Mauer unserer Stadt.

Innerhalb kürzester Zeit wurde der neue Innenhafen zum zentralen Umschlagplatz für das Grubenholz, das die Ruhrzechen in riesigen Mengen benötigten, um in den Bergwerken die Schächte abzustützen. Gleichzeitig entstand am Kopfende des Hafenbeckens der „Brotkorb des Reviers" mit zahlreichen Getreidesilos und Mühlenbetrieben. Um 1925 standen 115 Mühlen und Lagerhäuser am Außen- und Innenhafen und versorgten die rasant wachsende Bevölkerung in Europas größtem Industriegebiet mit Mehl und Gries. Pro Jahr wurden bis zu einer Million Tonnen Getreide umgeschlagen.

Bis in die 1950er Jahre expandierte die Industrie am Innenhafen. Dann verlor der Umschlagplatz die Konkurrenz mit der Straße und es begann der Niedergang. 1972 konnte eine Bürgerinitiative den Abriss der historischen Speicherzeile verhindern. Bis 1990 dauerte es schließlich, bis die Pläne für die Neunutzung der inzwischen denkmalgeschützten Zeitzeugen konkret wurden. Die Internationale Bauausstellung Emscher Park lobte einen Architektenwettbewerb aus, den schließlich das Büro des britischen Star-Architekten Sir Norman Foster in Zusammenarbeit mit örtlichen Partnern realisierte. Der erste Speicherumbau für das Kultur- und Stadthistorische Museum im Jahr 1991 war das Startsignal für die Wiederbelebung des Duisburger Innenhafens.

1991 Startsignal für Wiederbelebung

Innenhafen Duisburg
Entwicklungsgesellschaft mbH
Philosophenweg 19
47051 Duisburg
Tel.: 0203.30550
Web: www.innenhafen-duisburg.de

Öffnungszeiten:
Der Innenhafen ist ganzjährig geöffnet

Führungen:
nach Vereinbarung durch die Innenhafen Duisburg Entwicklungsgesellschaft mbH oder jeden 3. Sonntag im Monat, 14.00 Uhr mit einem Tourguide durch die Duisburg Marketing GmbH.
Treffpunkt: Mercatorbrunnen vor dem Rathaus Duisburg, Burgplatz 19, 47051 Duisburg.

Service ← **INNENHAFEN DUISBURG** 219

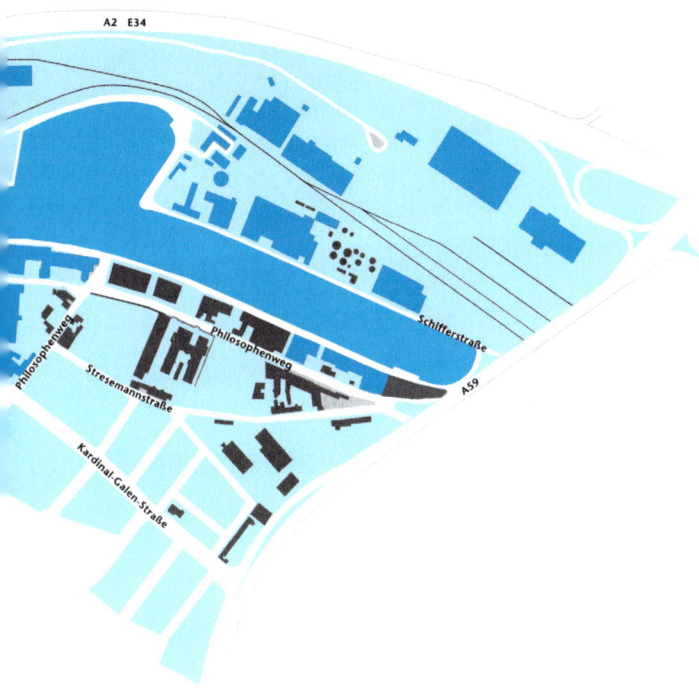

Anfahrt:
mit dem Auto: A 59 Abfahrt Duisburg-Duissern, Beschilderung Innenhafen folgen
mit dem Öffentlichen Nahverkehr: Von Duisburg Hbf (U-Stadtbahn-Ebene) mit Straßenbahn 901 bis „Rathaus" oder mit Bus 934 bis „Hansegracht"

Weitere touristische Informationen:
Duisburg Marketing GmbH /// Königstraße 53
47051 Duisburg /// Tel.: 0203.30525-0
Web: www.duisburg-informationen.de

MKM MUSEUM KÜPPERSMÜHLE FÜR MODERNE KUNST

Bis in die 1970er Jahre lagerte in der Küppersmühle Getreide – seit 1999 dreht sich hier alles um die Kunst. Das eindrucksvolle Industriedenkmal liegt direkt an der Kulturmeile des Duisburger Innenhafens und ist heute ein Museum für zeitgenössische Kunst. Besuchern wird ein abwechslungsreiches Programm mit bis zu vier Wechselausstellungen pro Jahr geboten. Sie erleben einen Gang durch 60 Jahre Kunstgeschichte der Bundesrepublik Deutschland in einem auch architektonisch sehenswerten Gebäude.

Das ehemalige Mühlen- und Speichergebäude mit seiner historischen Backsteinfassade war in dreijähriger Bauzeit durch die Architekten Herzog & de Meuron in ein Museum für zeitgenössische Kunst umgebaut worden. Als das Museum Küppersmühle im Jahr 1999 eröffnete, nahm es zunächst Werke der Sammlung Hans Grothe auf. 2005 wurde die Sammlung an das Darmstädter Sammlerpaar Sylvia und Ulrich Ströher verkauft und fusionierte mit den Werken der Sammlung Ströher.

Das MKM präsentiert Schlüsselwerke der Sammlung Ströher, die mit rund 1.500 Werken zentrale Positionen der Kunstentwicklung in Deutschland von der Nachkriegszeit bis in die Gegenwart umfasst. Zahlreiche Künstler der Sammlung gehören national und international zu den wichtigsten deutschen Künstlern, darunter Namen wie Josef Albers, Stephan

Balkenhol, Georg Baselitz, Willi Baumeister, Joseph Beuys, Peter Brüning, Karl Fred Dahmen, Hanne Darboven, Gotthard Graubner, Candida Höfer, Rebecca Horn, Jörg Immendorff, Anselm Kiefer, Imi Knoebel, Norbert Kricke, Markus Lüpertz, Blinky Palermo, A. R. Penck, Otto Piene, Sigmar Polke, Gerhard Richter, Emil Schumacher, Rosemarie Trockel oder Wols.

Um die umfangreiche Sammlung künftig angemessen und mit mehr Spielraum im größeren Zusammenhang zu präsentieren, fiel 2008 die Entscheidung für einen Erweiterungsbau. Derzeit entstehen 22 neue Räume mit rund 2.000 m² Ausstellungsfläche, deren Fertigstellung für Ende 2011 geplant ist. Realisiert wird der Erweiterungsbau in Form eines schlichten Quaders wiederum von dem Schweizer Architekturbüro Herzog & de Meuron. Der spektakuläre Neubau wird in 36 Metern Höhe scheinbar schwerelos über den Stahlsilos schweben und als weithin sichtbares Wahrzeichen das Duisburger Stadtbild nachhaltig prägen.

Auf dem Areal des heutigen Museums Küppersmühle hatte der Unternehmer Wilhelm Vedder 1860 den ersten Duisburger Mühlenbetrieb gegründet. 1900 erweiterte er seine Anlagen und baute das Gebäude, das später als Küppersmühle bekannt wurde. 1912 wurde die Getreidemühle von den Werner & Nicola Germania Mühlenwerken übernommen und durch Anbauten ergänzt. In den 1930er Jahren kamen die Stahlsilos hinzu, die als Prototyp Furore machten. Den Namen „Küppersmühle" erhielt der Bau 1969 im Zuge der Fusion mit den Homberger Küpperswerken. Bis 1972 diente die Küppersmühle als Getreidespeicher. Nach der Stilllegung hatte sich eine Bürgerinitiative für den Erhalt des abrissgefährdeten Baus eingesetzt, kurz darauf wurde die historische Speicherzeile unter Denkmalschutz gestellt.

MKM Museum Küppersmühle für Moderne Kunst /// Philosophenweg 55 /// 47051 Duisburg /// Tel.: 0203.301948-11/-10 /// Web: www.museum-kueppersmuehle.de /// Öffnungszeiten: mittwochs 14.00–18.00, donnerstags, freitags, samstags, sonn- und feiertags 11.00–18.00 Uhr /// Führungen: sonntags 11.00 und 15.00 Uhr /// Programm für Schulklassen auf Anfrage.

👁 KULTUR- UND STADTHISTORISCHES MUSEUM

Das ehemalige Getreidesilo der Rosiny-Mühle von 1902 scheint wie geschaffen als Speicher für die Geschichte der Stadt Duisburg. Mit seinem Einzug in die neu hergerichteten Räume hat das Kultur- und Stadthistorische Museum 1991 den Auftakt für die Neunutzung der Speicherzeile am Innenhafen gegeben. Unter dem Motto „Neue Geschichte einer alten Stadt" informiert es über alles Wissenswerte von der Steinzeit bis zur Gegenwart. Auch der Duisburger Industrialisierung wird ausführlich nachgegangen – von den ersten chemischen Werken über Eisenhütten, Zechen und Maschinenfabriken bis zur Historie der Mühlenindustrie am Innenhafen.

Wen es überrascht, dass in der Stadt an Rhein und Ruhr der erste moderne Atlas von dem bedeutenden Mathematiker und Kartografen Gerhard Mercator (1512–1594) entwickelt wurde, dem empfiehlt sich ebenfalls ein Besuch. Gezeigt wird Mercators Werk in einem eigenen Bereich mit wertvollen Karten, Büchern und Globen. Dem berühmten Universalgelehrten widmet das Kultur- und Stadthistorisches Museum im Mercator-Gedenkjahr 2012 eine große Sonderausstellung.

Kultur- und Stadthistorisches Museum /// Johannes-Corputius-Platz 1 /// 47051 Duisburg /// Web: www.stadtmuseum-duisburg.de /// Tel.: 0203.2832640 /// Öffnungszeiten: dienstags bis donnerstags und samstags 10.00–17.00, freitags 10.00–14.00, sonntags 10.00–18.00 Uhr, montags geschlossen.

👁 LEGOLAND DISCOVERY CENTER

Im ehemaligen Werhahnspeicher wurden noch bis in die 1960er Jahre Getreide gelagert. Heute gibt's hier Lego satt: Eine kunterbunte Erlebniswelt nach internationalem Vorbild und ein Traum für große und kleine Lego-Fans. Auf dem Zwei-Stunden-Programm stehen spielerisches Lernen, grenzenlose Ideenvielfalt, Interaktivität und Spaß unter einem Dach – alles basierend auf den Lego-Werten. Der Besucher geht auf die Reise durch acht Themenbereiche. Die erste Station entführt ins Miniland: Hier ist das Ruhrgebiet im Kleinformat aus mehr als einer Million Lego-Steinen nachgebaut. Ob der Duisburger Innenhafen, die Zeche Zollverein oder der Gasometer in Oberhausen, alles kann im Maßstab 1:45 bestaunt werden.

LEGOLAND Discovery Centre /// Philosophenweg 23–25 /// 47051 Duisburg /// Tel.: 0203.5708880 /// www.legolanddiscoverycentre.de /// Öffnungszeiten: montags bis freitags (außer feiertags und Ferien in NRW): 10.00–18.00 Uhr (letzter Einlass 16.30) sowie samstags, sonntags sowie feiertags und Schulferien in NRW: 10.00–19.00 Uhr (letzter Einlass 17.00). Tipp: Ermäßigungen bei Online-Buchungen.

GARTEN DER ERINNERUNG

Auf dem ehemaligen Speditionsgelände am Duisburger Innenhafen nahe den Rudimenten der mittelalterlichen Stadtmauer ist nach Plänen von Dani Karavan ein ungewöhnlicher Park entstanden: Ein „Garten der Erinnerung", der den stadthistorisch bedeutsamen Ort neu interpretiert. Der israelische Land-Art-Künstler hat die leer gezogenen Gebäude und Hallen Ende der 1990-er Jahre bis auf ausgewählte Reste zurückbauen lassen und als Abbruchplastiken in die Parkgestaltung einbezogen. Einige der „künstlichen Ruinen" werden als Aussichtsturm oder Veranstaltungsbühne genutzt. Besonders markant sind die beiden übrig gebliebenen Treppenhäuser der ehemaligen Verwaltungsgebäude der Firmen Spar und Ludwig.

Die alten Gebäudegrundrisse sind im Boden durch weiße Betonriegel markiert und dienen als Sitzbänke. Der Weg durch den „Garten der Erinnerung" ist mit einem Mosaik aus Abbruchsteinen gepflastert und führt vom Hafenbecken in die Innenstadt. Gleichzeitig wurden hier – unweit der 1874 errichteten und 1938 zerstörten alten Synagoge – ein neues jüdisches Gemeindezentrum sowie ein Seniorenzentrum errichtet.

Die Bepflanzung mit Rasen und großen Einzelbäumen unterstreicht den skulpturalen Charakter des Parks. In einigen Flächen ist Weizen eingesät und erinnert an die Bezeichnung des Viertels als „Brotkorb des Ruhrgebiets", andere wurden mit Wasser gefüllt. Nachts ist der Park illuminiert und betont den Charakter von Abbruch und Übergang. Der „Garten der Erinnerung" ist Teil des Europäischen Gartennetzwerks (EGHN).

Garten der Erinnerung /// Innenhafen Duisburg, Yitzak-Rabin-Platz 47051 Duisburg /// Web-Infos: www.eghn.eu

🍴 UFERPROMENADE

Morgens ist die Uferpromenade am Hafenbecken eine Laufbahn für Jogger, abends ein kulinarischer Laufsteg und der neue Nightlife-Treffpunkt in Duisburg schlechthin. Rund um das Hafenbecken wächst seit Jahren eine Gastronomiemeile mit inzwischen mehr als einem Dutzend Restaurants und Bistros, Bars und Cafés. Längst ist diese Meile auf der anderen Seite des Hafenbecken angekommen: In der Schifferstraße eröffnete zuletzt das „Chili's" im neuen H_2-Office.

Inzwischen haben sich manche Restaurants der „ersten Stunde" in der historischen Speicherzeile am Philosophenweg mindestens einmal runderneuert – darunter die feine „Faktorei" und das Restaurant „Hafenforum".

Im rustikalen und meist rappelvollen „Diebels am Hafen" laden sommertags Bänke und Tische direkt ans Ufer oder auf schwimmende Pontons zu überwiegend bierorientiertem Speisenprogramm. Spanisch-mediterran geht es nebenan in der „Bodega del Puerto" bei großer Tapas-Auswahl, Fisch- und Fleischgerichten zu. Auch wenn die Auswahl schwer fällt – allen Treffpunkten gemeinsam ist die traumhafte Lage direkt am Wasser.

Uferpromenade /// 47051 Duisburg /// Philosophenweg, Schifferstaße

STICHWORT: RE-URBANISIERUNG

Re-Urbanisierung – dieser Prozess ist im postindustriellen Ruhrgebiet das große Thema. Was tun mit den ausgedienten Industrieanlagen? Diese Frage beschäftigt seit zwei Jahrzehnten Heerscharen von Stadt- und Regionalplanern. Befriedigend scheint sie an einem Standort wie dem Innenhafen Duisburg beantwortet, wo ein stimmiger Masterplan den Mix von Arbeiten und Wohnen, Freizeit und Kultur vorgab. Bei anderen „Leuchttürmen" wie etwa Zollverein in Essen wurden die hohen Ansprüche bei weitem nicht eingelöst.

Nach wie vor ist die mangelnde Urbanität das größte Problem der Region. Vor allem junge, gut ausgebildete Menschen wollen nicht auf bessere Zeiten warten und kehren dem hässlichen Entlein Ruhrgebiet den Rücken. Längst sind in Problemkiezen arme, alte und ausländische Menschen unter sich.

Während der Industrialisierung war es genau anders herum: Auf der Suche nach Arbeit kamen Hunderttausende ins boomende Industrierevier. Ab 1850 wuchs die Bevölkerung rasant von 220.000 Einwohnern auf 2,6 Millionen (1905) bis auf 5,7 Millionen (1967). Innerhalb weniger Jahrzehnte war zur Zeit des Deutschen Reiches der größte industrielle Ballungsraum entstanden.

Anders als Berlin bildete sich an Ruhr und Emscher keine städtische Metropole, sonders eine zersiedelte Industrielandschaft mit unzähligen Vororten und Subzentren rund um die vielen Pütts und Stahlwerke. In der Zechensiedlung mit Blick auf das Fördergerüst wurde gewohnt. Freizeit und Unterhaltung – das waren der Fußballverein der Heimatzeche, Taubenzucht und Schrebergarten hinterm Haus. Zum Einkaufen fuhr man weite Wege in die Stadt. Eine bürgerliche Kultur mit Theater, Opernhaus und Museum beschränkte sich auf die Hellwegstädte Duisburg, Essen, Dortmund und konnte mit dem Niveau anderer deutscher Städte lange nicht mithalten.

Ab 1960 fielen im Zuge der Kohle- und Stahlkrise immer mehr Industrieflächen und riesige Werksanlagen brach. Noch um 1980 war meist die Abrissbirne das Allheilmittel der Stadtplaner. Erst in der 1990er Jahren wuchs im Ruhrgebiet die Einsicht, dass Städtebau auch eine Frage von Identität ist.

Warum also nicht alte Speicher erhalten, umbauen und neu nutzen, wie die Docklands in London oder die Speicherstadt in Hamburg? Zugleich gewann das Stichwort „Re-Urbanisierung" an Bedeutung: Galt es doch, die herkömmliche Trennung in Lebens-, Arbeits- und Freizeiträume aufzuheben und nach neuen, zeitgemäßen städtebaulichen Lösungen zu suchen. Re-Urbanisierung – ein Prozess, dessen Ende im Ruhrgebiet noch längst nicht abzusehen ist.

TOURTIPP: RHEINORANGE

Tipp
Ortsunkundige sollten über ein Minimum an Pfadfinderqualitäten verfügen, da das Rheinorange nicht ausgeschildert ist. Wem die Direktanfahrt zu kompliziert ist, dem sei der Blick vom gegenüberliegenden Rheinufer empfohlen, zum Beispiel vom Biergarten Hafensturm aus. Teleobjektiv nicht vergessen!

Ein Sehnsuchtsort und Muss für alle, die unter Fernweh leiden: Das schon von weitem leuchtende „Rheinorange" beim Rheinkilometer 780. Direkt am rechten Rheinufer bei Duisburg steht die Stahlskulptur genau dort, wo in einer großen Flussschleife die Ruhr in den Rhein fließt. Der überraschend unspektakuläre

Standort liegt am Rand von Europas größtem Binnenhafen. Wer hierher kommt, will kein Event-Bohei, sondern einfach mal zur Ruhe kommen – sekundiert vom sanften Plätschern der Flusswellen.

Der Kölner Bildhauer Lutz Fritsch hat die Landmarke 1992 geschaffen, um auf die Bedeutung des Ortes hinzuweisen. Fünfundzwanzig Meter hoch, sieben Meter breit und einen Meter tief ragt die Stahlskulptur in den Himmel. Der Name „Rheinorange" ist ein Wortspiel und leitet sich von dem Farbton RAL 2004 ab – das so genannte Reinorange.

Viele ortskundige Radfahrer lieben diese einmalige Stelle „an Rhein und Ruhr" und steigen für eine Rast an dem kleinen Kiesstrand vor dem Rheinorange ab. Kaum ein Ort eignet sich besser, um beim Anblick der vorbeiziehenden Schiffe die Gedanken in die Ferne schweifen zu lassen. Apropos Radfahren: Direkt am Rheinorange beginnt der Ruhrtal-Radweg, der insgesamt 220 Kilometer lang flussaufwärts bis zur Ruhrquelle bei Winterberg führt. Auf dem vielfach ausgezeichneten Weg lässt sich an einigen Abschnitten noch erahnen, wie geschäftig es auf dieser Wasserstraße einst zuging. Nach dem Ausbau der mittleren Ruhr zur Schifffahrtsstraße war der Fluss seit 1780 bis Witten befahrbar und wichtigster Transportweg für die Kohle. Flussaufwärts mussten die Schiffe von Pferden auf dem holprigen Leinpfad gezogen werden – Meter für Meter. Erst mit dem Bau der Eisenbahn ab 1850 ging die Ruhr-Schifffahrt allmählich zurück und wurde 1889 schließlich ganz eingestellt.

Anfahrt
mit dem Bus:
Von Duisburg Hbf mit Bus-Linie 933 bis „Rheindeich", weiter ca. 10 Minuten zu Fuß.

mit dem Auto:
Autobahn A40, Abfahrt Duisburg-Häfen, links in die Kaßlerfelder Straße (dabei das Schild „nur für Anlieger" geflissentlich übersehen), nächste Straße rechts rein und Parkplatz suchen. Nach ca. 200 Metern führt rechts ein Fußweg zum Ruhrufer. Am Ende nach links ca. 15 Minuten weiter auf der Promenade. Keine Ausschilderung!

Biergarten Hafensturm
Wer schon immer mal an Rhein und Ruhr sein wollte, sitzt im rustikalen Biergarten Hafensturm genau richtig. Beim Panoramablick auf Vater Rhein und die Ruhrmündung mitsamt dem leuchtenden Rheinorange schmeckt eine Berliner Weiße gleich doppelt gut. Hier strandet man gern!
Biergarten Hafensturm
Königstraße 92
47198 Duisburg-Homberg
Tel.: 0178.3399371
www.hafensturm.de

Informationen:
www.ruhrtalradweg.de

Tourguide:
Kompakte Tipps zum Ruhrtalradweg kostenlos unter Tel.: 01805.181630

GASOMETER OBERHAUSEN

Ausstellungstonne mit Raumerlebnis

AUSSTELLUNGSTONNE
MIT RAUMERLEBNIS

Wer heute den Gasometer besucht, kann sich kaum vorstellen, dass sich hier bis 1988 tagtäglich ein schwerindustrielles Inferno abgespielt hat. Der stählerne Gasbehälter stand inmitten einer gigantischen Industrie- und Fabriklandschaft der Gutehoffnungshütte (GHH). Ursprünglich als reiner Bergbau- und Hüttenbetrieb gegründet, waren in dem späteren GHH-Konzern alle Montansektoren vom Bergbau über die Eisen- und Stahlerzeugung, die Weiterverarbeitung, den Maschinenbau bis hin zur Spedition zusammengefasst. Die Hütte, einziges Unternehmen weit und breit, hatte den Ruf der Stadt als „Wiege der Ruhrindustrie" mitbegründet.

Einen Eindruck von dieser Zeit vermittelt heute ein historisches Panoramabild im Eingangsbereich des Gasometers: rauchende Schlote, riesige, kreuz und quer verlaufende Rohrleitungen, Fabrikhallen, Kohlen- und Materialhalden, Schienen und Eisenbahnzüge, so weit das Auge reicht. Fast nichts von alledem ist geblieben – mit Ausnahme einer Stahlwerkshalle und eben des Gasometers.

Heute ist die Stahltonne ein Wahrzeichen der Stadt und eines der bekanntesten Symbole des Ruhrgebiets. Sie ist beeindruckendes Monument der Bau- und Technikgeschichte und immer häufiger spektakulärer Veranstaltungsort. 117 Meter

hoch ist der Gigant. Im Inneren mischt sich bei den Besuchern die Faszination über das Raumerlebnis mit der Lust an sinnlichem Erleben: In dem kreisrunden Raum kommt jeder Ton mit sieben- bis achtfachem Echo zurück.
Ein gläserner Panoramaaufzug im Inneren führt unter die Kuppel des Giganten, ein zweiter Aufzug von außen auf das Dach. Wer sich fit fühlt, kann die 592 Stufen über eine Außentreppe zurücklegen. Von der Dachterrasse bietet sich ein herrlicher Rundblick über das westliche Ruhrgebiet – bei klarem Wetter kann man bis zu 35 Kilometer weit noch die bizarren Kulissen der Duisburger Stahlindustrie sehen. Zum Greifen nah ist das benachbarte Einkaufs- und Erlebniszentrum CentrO, das auf dem ehemaligen Werksgelände der Gutehoffnungshütte entstanden ist – die „Neue Mitte" Oberhausen.
Seit dem Umbau des Gasometers zur wohl ungewöhnlichsten Ausstellungshalle Europas 1993/94 wird hier mit wechselnden Veranstaltungsprojekten ein Besucherrekord nach dem nächsten eingestellt. Erster populärer Höhepunkt war 1999 die Installation „The Wall" von Christo & Jeanne-Claude. Das US-amerikanische Künstlerpaar hatte 13.000 bunt bemalte Ölfässer im Gasometer aufeinander stapeln lassen und das Raumerlebnis zelebriert.

GICHTGASSPEICHER WIRD WAHRZEICHEN

1929 errichtet

Der weithin sichtbare Stahlriese hat schon immer Maßstäbe gesetzt. 1929 auf dem Gelände der Gutehoffnungshütte errichtet, war der Gasometer mit 117,5 Metern Höhe, 68 Metern Durchmesser und fast 350.000 Kubikmetern Nutzvolumen der größte Gasbehälter seiner Zeit. Zuerst diente er als Zwischenspeicher für das Gichtgas der Hochöfen der Hütte, später für das Koksgas der Kokerei Osterfeld. In einer Art Verbundsystem war der Gasometer über dicke Rohrleitungen mit den Städtischen Gaswerken, der Zeche Osterfeld, den Eisenhütten I und II sowie dem Walzwerk verbunden. Deren anfallendes Gas nahm er auf beziehungsweise leitete es ab.

Mit der Schließung des Hüttenwerkes wurde auch der Gasometer kaum noch genutzt. Im Jahr 1988 beschloss der letzte Besitzer, die Ruhrkohle AG, die Stilllegung. Abriss oder Erhaltung? In einer mehrjährigen, intensiven Diskussion zwischen dem Stadtrat, der Landesregierung, der Internationalen Bauausstellung (IBA) Emscher Park, Unternehmensvertretern und engagierten Bürgern brachte erst eine Abstimmung durch den Rat der Stadt Oberhausen im Jahr 1992 die Entscheidung: Mit nur einer Stimme Mehrheit plädierten die Stadtverordneten schließlich für den Erhalt.

Karl Ganser, damaliger Direktor der IBA, hatte ein Finanzierungskonzept vorgelegt, mit dem der Gasometer in „ein noch nicht bekanntes Raumerlebnis für verschiedenartige Veranstaltungen" umgebaut werden sollte. Die Ruhrkohle AG überließ den Gasometer der Stadt und zahlte 1,8 Mio. Mark – exakt die Summe, die der Abriss gekostet hätte. Insgesamt betrugen die Kosten für den Umbau fast 16 Mio. Mark. 90 Prozent davon wurden aus Fördermitteln des Landes finanziert.

Beim Umbau nach Entwürfen des Berliner Architekten Jürg Steiner in den Jahren 1993/94 wurde das technische Kernstück der Anlage, die 1.200 Tonnen schwere Gasdruckscheibe, in 4,50 Metern Höhe fixiert. Unter der Stahlplatte öffnet sich heute ein kreisrunder, mehr als 3.000 Quadratmeter großer Raum. Zwei Stahltreppen führen auf die Scheibe, in deren Mitte eine Bühne installiert wurde. Teile der Trägerkonstruktion sind zu einer Tribüne mit 500 Sitzplätzen umgestaltet.

Gleich die erste Ausstellung „Feuer & Flamme – 200 Jahre Ruhrgebiet" im Sommer 1994 sorgte für Aufsehen und machte den Gasometer bundesweit bekannt. Kuratiert von dem Direktor des damaligen Essener Ruhrlandmuseums, Prof. Dr. Ulrich Borsdorf, wurde die Schau mit insgesamt 500.000 Besuchern die erfolgreichste industriehistorische Ausstellung der Bundesrepublik überhaupt. Als Monument bewegter Industriegeschichte ist der Gasometer heute nicht nur Symbol der Stadt Oberhausen, sondern für den Wandel des Ruhrgebiets insgesamt geworden.

1988 Stilllegung

Erste Ausstellung im Sommer 1994

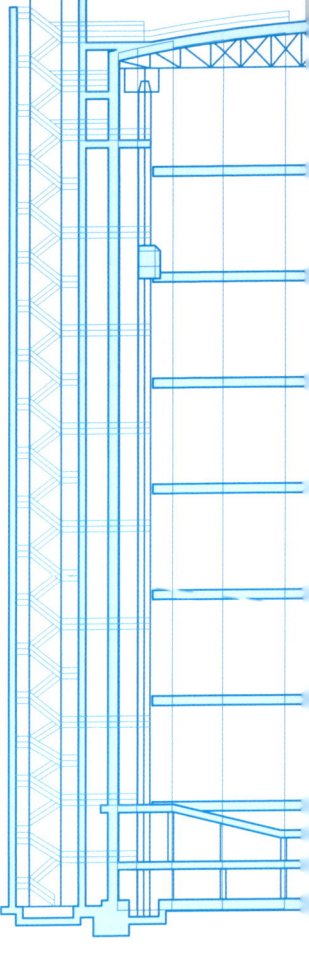

Gasometer Oberhausen GmbH
Arenastraße 11
46047 Oberhausen
Web: www.gasometer.de

Vermietung für Veranstaltungen aller Art
Tel.: 0208.8503730

Führungen
Offene Führungen samstags, sonn- und feiertags jeweils 14.00 und 15.00 Uhr.
Individuelle Führungen ganzjährig auf Anfrage.
Audioguides für Erwachsene und Kinder ausleihbar.
Tel.: 0208.8503736

Vermietung
Tel.: 0208.85037-34

Öffnungszeiten
dienstags bis sonntags sowie feiertags 10.00–18.00 Uhr, in den NRW-Ferien auch montags geöffnet

Service ← **GASOMETER** 237

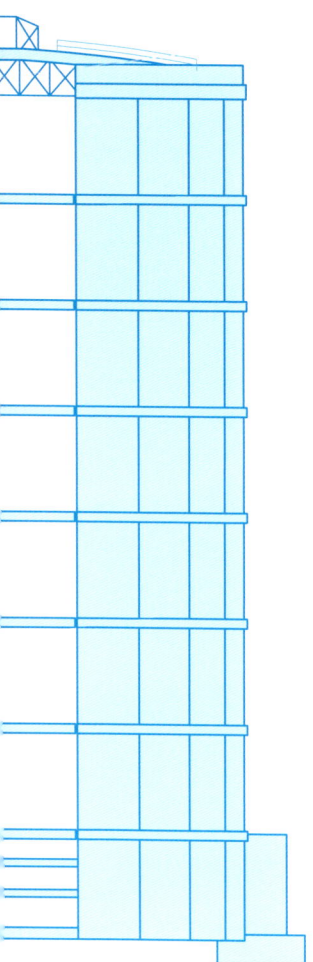

Anfahrt:
mit dem Auto: A 42 Ausfahrt Oberhausen-Zentrum, weiter Richtung Zentrum, Ausschilderung folgen; A 40 Ausfahrt Mülheim-Styrum, dann Beschilderung Richtung Oberhausen-CentrO folgen
Mit öffentlichen Verkehrsmitteln:
Von Oberhausen Hbf mit jedem Bus oder jeder Bahn ab Terminal 1 bis zur Haltestelle „Neue Mitte". Von dort aus ist es nur ein kurzer Fußweg zum Gasometer.

Weitere touristische Informationen:

RUHR.VISITORCENTER Oberhausen /// CentrO/Neue Mitte /// Promenade 77 /// 46047 Oberhausen /// Tel.: 0208.824570 /// E-Mail: infocenter@oberhausen.de /// Web: www.oberhausen-tourismus.de /// Öffnungszeiten: montags bis samstags 10.00–20.00, sonntags 10.00–14.00 Uhr.

🍴 HACKBARTHS

In Oberhausen konkurrenzlose Küche für gehobene Ansprüche. Jörg Hackbarth ist der kochende Manager des Hauses nahe dem Gasometer. Gekocht wird frisch, handwerklich exakt, kreativ und kompromisslos, ohne einer bestimmten Richtung zu folgen. Täglich wechselnde Speisekarte. Sommertags wird auch im Restaurantgarten serviert. Preise: angemessen, zum Beispiel Überraschungsmenü mit fünf Gängen für 39,50 Euro. Einmal pro Monat sensationelles 22-Euro-Menü, Termine erfragen. Ambiente: elegant und gediegen.

Hackbarths /// Im Lipperfeld 44 /// 46047 Oberhausen /// Tel.: 0208.22188
Web: www.hackbarths.de /// Öffnungszeiten: montags bis freitags 12.00–14.30 und 18.00–22.30 Uhr, samstags 18.00–22.30 Uhr, sonntags Ruhetag.

🍴 BRAUHAUS ZECHE JACOBI

Auf der ehemaligen Zeche Jacobi in Oberhausen ist es schon lange zappenduster. Doch hoch lebe die Reviernostalgie! Vor allem, wenn's gerne ein bisschen rustikaler sein darf. Das Brauhaus Zeche Jacobi zählt zur so genannten Erlebnisgastronomie und liegt mitten auf der CentrO-Promenade – ideal also für eine Einkehr nach dem Gasometer-Besuch oder einem Konzert in der Arena Oberhausen. Aufgetischt werden selbstgebraute Biere, saisonal auch Spezialbiere. Dazu gibt es „Brauhausküche" oder „Watt zum Reinhaun" – alles unter dem Motto „Maaalzeit!". Vor allem gibt's auch genug Platz für alle: über 500 Sitzplätze im Restaurant, 600 auf der Terrasse und im Biergarten noch einmal 800. Reservierungen für Gruppen bis zu 1.000 Personen sind möglich. Tipp: Der kleine Shop mit Souvenirs vom Pütt-Bierglas bis zur Grubenlampe sucht seinesgleichen!

Brauhaus Zeche Jacobi /// Centro-Promenade /// Promenade 30 /// 46047 Oberhausen /// Tel.: 0208.802200 /// Web: www.brauhaus-zeche-jacobi.de /// Öffnungszeiten: täglich 10.00–00.30 Uhr, freitags, samstags und vor Feiertagen bis 2.00 Uhr.

IN HOSTEL VERITAS

Einfache Herberge mit charmant-rauem Ruhrpott-Charme. Mental verortet zwischen „CentrO und Zechen, Partymeile und Industrie-Kultur, Freeclimbing und Skifahren, Brieftaubenzüchtern und Schalke, zwischen den No Angels und Missfits." So steht es im Prospekt. Das „In Hostel Veritas" ist unkonventionelle Übernachtungsmöglichkeit für Rucksacktouristen und Leute mit wenig Geld. Betrieben wird es von den „jüngsten Herbergsschwestern der Nation", BWL-Absolventin Christina Antwerpen und Restaurantfachfrau Verena Breuckmann. Die Wahrheit liegt in diesem Fall in der sehr freundlichen Atmosphäre, die die beiden Schulfreundinnen in dem leer stehenden ehemaligen Torhaus der Zeche Oberhausen geschaffen haben. Die beiden sind engagierte Verfechterinnen des Revier-Tourismus und den Gästen auch gerne bei der Freizeitgestaltung behilflich. Atmosphäre: rustikal bis ikea-einfach. Preise: zwischen 15 Euro im 8-Bett-Zimmer und 25 Euro im 1-Bett-Zimmer, Frühstück ab 3,50 Euro. Goldig auch der Ansagetext auf dem Anrufbeantworter, wenn die Hausdamen mal nicht da sind …

IN HOSTEL VERITAS /// Essener Straße 259 /// 46047 Oberhausen /// Tel.: 0208.8690884
Web: www.in-hostel-veritas.de

LEDERFABRIK-HOTEL

Ein kleines Juwel: Das 24-Betten-Hotel in dem denkmalgeschützten Backsteingebäude einer Lederfabrik aus dem Jahr 1864 verbindet industrielles Erbe mit modernem Komfort. Schön schlichte, geschmackvoll eingerichtete Zimmer. Preise: ab 87 Euro. Das Restaurant im selben Haus bietet leichte, mediterrane Gerichte.

Lederfabrik-Hotel /// Düsseldorfer Straße 269 /// 45481 Mülheim an der Ruhr
Tel.: 0208.48838-0 /// Web: www.lederfabrikhotel.de

🍴 MÖLLECKENS ALTES ZOLLHAUS

Klein, fein, mit hohem Anspruch an Qualität und dabei wunderbar bodenständig – das alteingesessene Restaurant der Familie Mölleken in Mülheim an der Ruhr. Knapp 20 Minuten Autofahrt über die B 223 vom Gasometer entfernt, die sich jedoch allemal lohnen. Zumal Mölleckens Altes Zollhaus außerhalb Mülheims fast noch ein Geheimtipp ist. Die verlässlichen Michelin-Restaurantkritiker haben das Zollhaus jedenfalls gefunden und 2010 als gutes und besonders preiswertes Restaurant mit einem „Bib Gourmand" ausgezeichnet – was will man mehr? Die beiden Räume, getrennt für Raucher und Nichtraucher, sind hell, freundlich und schlicht eingerichtet, der Service könnte besser nicht sein. Preise: Das 4-Gang-Menü kostet 35,80 Euro, mit den begleitenden Weinen 46,50 Euro. Atmosphäre: gediegen-mediterran.

Mölleckens Altes Zollhaus /// 45478 Mülheim an der Ruhr (Speldorf) /// Duisburger Straße 239 /// Tel.: 0208.50349 /// Web: www.moelleckensalteszollhaus.de /// Öffnungszeiten: dienstags bis freitags 12.00–14.00 und 18.00–21.30 Uhr, samstags 18.00–21.30, sonntags 12.00–14.00 Uhr, sonntagabends geschlossen, montags Ruhetag

RESTAURANT FRINTROP

Wer hier einkehrt, den hat es nicht zufällig in das eher unwirtliche Grenzgebiet am „Drei-Städte-Eck" verschlagen, wo die Städte Oberhausen, Essen und Mülheim aufeinander treffen. Was von außen aussieht wie eine 08/15-Eckkneipe, entpuppt sich als Oase der Gastlichkeit, die durchaus noch als Geheimtipp gilt. Ideale Einkehr etwa nach einem Besuch des Oberhausener Gasometers. Einfache Spitze: der Stehplatz im Schankraum – wie gemalt für ein gepflegtes und exakt temperiertes Pils.

Hermann Frintrop heißt der Küchenmeister – ein Bild von einem Chefkoch, der gekonnt gut bürgerlich mit französischem Einschlag kocht. 1977 übernahm er das Restaurant, das schon sein Großvater unter demselben Namen geführt hatte. Der füllte im Restaurant einst Flachmänner für die Bergleute ab, während die Familie in der Küche für das Essen zuständig war. Das Haus ist seit fast 100 Jahren im Familienbetrieb – im Ruhrgebiet ein seltener Fall. 2007 vom Enkel zum 30-jährigen Jubiläum geschmackvoll renoviert, blieb der Charme des Ortes erhalten, der sich heute als Speisegaststätte und Bistro-Kneipe präsentiert.

Serviert wird: Feines im separaten Speisesaal mit historischer Vertäfelung (Nichtraucher!). Regional-Rustikales kommt in der Bistro-Kneipe auf den Tisch: Westfälischer Pfefferpothast mit Kartoffeln, Gurken und Rettich oder ein exzellentes Schnitzel mit hausgemachtem Kartoffelsalat für knapp 10 Euro. Das Ganze mit einem Service, wie er sein soll: unaufdringlich, freundlich und gekonnt. Atmosphäre: stilvoll und gepflegt. Publikum: bunt gemischt vom Genießer bis zur Skat-Truppe in Designer-Outfit. Preise: mittel bis gehoben

Restaurant Frintrop /// Mühlenstraße 116 /// 46047 Oberhausen-Dümpten /// Tel: 0208.870975 /// Web: www.restaurant-frintrop.de /// Öffnungszeiten: mittwochs bis montags 12.00–14.00 und 18.00–23.00 Uhr, samstagvormittags und dienstags geschlossen.

STICHWORT: WIEGE DER RUHRINDUSTRIE

Sie war die erste Eisenhütte des Reviers und gilt heute als „Wiege der Ruhrindustrie": Die St. Antony Hütte in Oberhausen. An dieser Stelle wurde zum ersten Mal im Ruhrgebiet Roheisen produziert. Rund um diese Eisenhütte entstand im Laufe der Zeit das größte Industrieareal der Europas, das als Weltkonzern unter dem Namen Gutehoffnungshütte Industriegeschichte schrieb.

Die Anfänge der St. Antony Hütte liegen über 250 Jahre zurück. Der Geistliche Franz Ferdinand von Wenige hatte vom Kölner Erzbischof die Erlaubnis erhalten, am Elpenbach in Oberhausen-Osterfeld eine Eisenhütte zu errichten, um die hiesigen Erzvorkommen zu Roheisen einzuschmelzen. 1758 wurde der Hochofen zum ersten Mal angeblasen. Anfangs wurden Alltagsprodukte hergestellt, darunter gusseiserne Gewichte sowie „Pottwerk", also Töpfe und Pfannen.

Mit den Hütten „Gute Hoffnung" in Sterkrade (1782) und „Neu-Essen" (1791) an der Emscher kamen in unmittelbarer Nachbarschaft zwei Eisenhütten hinzu, die mit St. Antony um die gleichen Rohstoffe und Absatzmärkte konkurrierten. Ab 1805 hatte der Unternehmer Franz Haniel die drei Hütten nach und nach aufgekauft. 1810 vereinigte er die Produktionsstätten zur „Hüttengewerkschaft und Handlung Jacobi, Haniel und Huyssen", an der auch sein Bruder Gerhard Haniel sowie seine Schwäger Gottlob Jacobi und Heinrich Huyssen beteiligt waren.

Aus diesem Unternehmen wurde später der Aktienverein für Bergbau und Hüttenbetrieb Gutehoffnungshütte, kurz GHH. Da das Unternehmen eng mit dem Namen der Unternehmerfamilie Haniel verbunden ist, übersetzte der Volksmund das Kürzel GHH gern mit *Gehört Hauptsächlich Haniel*. Im 20. Jahrhundert wandelte sich das Oberhausener Unternehmen zum größten Maschinenbauer Europas. 1986 ging die GHH in die heutige MAN AG auf, der Hauptsitz wurde von Oberhausen nach München verlegt.

Nach dem Abriss der Hochöfen entstand in den 1990er Jahren auf dem ehemaligen Werksgelände das Einkaufszentrum „CentrO". Auch das einstige Elektrostahlwerk wurde abgerissen, nachdem eine museale Nutzung scheiterte. Erhalten sind das GHH-Hauptlagerhaus, das Werksgasthaus sowie der Gasometer Oberhausen. Die heute als Diskothek genutzte „Turbinenhalle" und einige erhaltene Brücken über den Rhein-Herne-Kanal gehörten ebenfalls zur GHH. Reste von Werksanlagen findet man auch im zur Landesgartenschau 1999 angelegten Olga-Park.

Seit 2008 präsentiert das Rheinische Industriemuseum in einer Dauerausstellung die Geschichte der St. Anthony Hütte. Gezeigt wird sie in dem früheren Wohnhaus des Hüttendirektors. Das ein wenig versteckt gelegene Fachwerkhaus ist das einzige noch erhaltene Gebäude der St. Anthony-Hütte.

Kontakt:
Rheinisches Industriemuseum St. Antony Hütte /// Antoniestraße 32–34 /// 46119 Oberhausen /// Tel.: 02234.9921555 /// www.industriemuseum.lvr.de /// Öffnungszeiten: dienstags bis sonntags 10.00–17.00 Uhr.

TOURTIPP 1: GIPFELSTURM – DIE TETRAEDER-HALDE IN BOTTROP

Tetraeder
Beckstraße
46328 Bottrop-Batenbrock

Bei genauerem Hinsehen sind nahezu alle Hügel im Ruhrgebiet Halden: Anhäufungen aus jenem Bergematerial, das bei der Kohleförderung ans Tageslicht kam. Im Volksmund wurden die hässlichen Halden „Monte Schlacko" genannt. Seit den 1960er Jahren mühten sich eigens aus Süddeutschland engagierte Förster, diese nackten, schwarzen Hügel zu begrünen und wie „richtige" Berge in die Landschaft einzupassen. Fortan wuchsen auf diesen „Alpen" im mittleren und nördlichen Industrierevier Erlen und Eschen, Birken und Büsche. Planvoll aufgestellte „Sitzjulen" sollten Greifvögel anlocken, geschwungene Wege und hölzerne Sitzbänke für Erholungsatmosphäre im Industriegebiet sorgen – Pantoffelgrün sozusagen.

Als in den 1990er Jahren die letzten Bergehalden geschüttet wurden, entdeckte die Internationale Bauausstellung (IBA) Emscher Park diese Landschaftsformationen als künstlerisches Thema. In wenigen Jahren entstanden aus einer ganzen Reihe Halden ästhetisch gestaltete Landmarken, die heute als Zeugnisse des Strukturwandels die Marketingprospekte der Regionalstrategen zieren.

Eine der ungewöhnlichsten Halden dieser Art ist die Tetraeder-Halde an der ehemaligen Zeche Prosper in Bottrop. Auf der Haldenkuppe thront in 65 Metern Höhe eine dreischenkelige Pyramide aus Stahlrohren. Das Bauwerk ist mit 60 Metern Kantenlänge und einer Höhe von 58 Metern vom Haldengipfel aus gemessen ein beeindruckendes Bauwerk und schon von weitem zu sehen. Zugleich ist das Kunstwerk eine begehbare Skulptur und Aussichtskanzel mit verschiedenen Plattformen. Bei gutem Wetter hat man von hier aus einen weiten, fantastischen Rundblick über das Ruhrgebiet.

Der Tetraeder wurde 1994 nach einem Entwurf von dem Architekten Wolfgang Christ als „Haldenereignis Emscherblick" errichtet. Der direkte Weg nach oben führt über eine „Direttissima" mit 387 Stufen. Alternativ gelangt man auf das Gipfelplateau über einen serpentinenartig angelegten Rad- und Wanderweg, der an das regionale Wegenetz angeschlossen ist. Nachts verwandelt sich der Tetraeder in ein gelb-grünes Lichtzeichen. Die Lichtinstallation hat der Düsseldorfer Künstlers Jürgen LIT Fischer geschaffen.

Tipp
Die Tetraeder-Halde gehört zur „Route der Landmarkenkunst" mit insgesamt 21 Standorten. (siehe auch TourTipp Schurenbachhalde, S. 48)

Informationen
Informationszentrum der Landmarkenkunst in der Ludwig Galerie Schloss Oberhausen
Konrad-Adenauer Allee 46
46042 Oberhausen
Tel.: 0208.8253828
Web: www.ludwiggalerie.de

Öffnungszeiten
dienstags bis sonntags:
11.00–18.00 Uhr
montags geschlossen

Anfahrt
mit öffentlichen Verkehrsmitteln:
von Bottrop Hbf mit Bus 262 bis „Arnsmannstraße", dann ca. 25 Minuten Fußweg bis zur Tetraeder-Platform oder von Bottrop ZOB Pferdemarkt mit Bus 266 bis „Tetraeder", dann ca. 20 Minuten Fußweg bis zur Tetraeder-Plattform.
mit dem Auto:
A42 bis Essen Nord, Gladbecker Straße (B 224) in Richtung Gladbeck/Dorsten, Beschilderung folgen.

TOURTIPP 2: MASCHINENHALLE ZWECKEL IN GLADBECK

Kontakt
Maschinenhalle Zeche Zweckel
Frentroper Straße 74
45966 Gladbeck-Zweckel
Info-Tel.: 0231.931122331

Ein industriekulturelles Kleinod der Ausnahmeklasse ist die Maschinenhalle Zweckel in Gladbeck. Für Denkmalschützer ist sie in Architektur und Ausstattung ein Gesamtkunstwerk von hohem Rang – das belegen einmal mehr die jüngsten Restaurierungen der Wandmalereien, die aus der Zeit des Jugendstils datiert sind. Wie eine Kirche nämlich war der Innenraum komplett mit Malereien geschmückt: mit gemalten Arkaden aus Pfeilern und Bögen, Bändern und dekorativen Ornamenten. Ein ästhetisch Aufwand, der von einer hohen Wertschätzung der Halle zeugt. Vor allem der technischen Anlagen, die sich darin befanden: der Maschinen, Aggregate und Umformer.

Die 1909 erbaute Maschinenhalle war das Herzstück der 1963 stillgelegten Zeche Zweckel. Von dem ehemals großen Maschinenpark sind nur noch wenige technische Anlagen erhalten, darunter die Umformer sowie die beiden elektrischen Fördermaschinen. Sie

garantierten die Versorgung der Zeche mit Elektrizität und zählen ebenfalls zum Denkmalbestand.

„Schön, wie im Schloss" sei es dort gewesen, erinnern sich noch heute ehemalige Arbeiter. Der Fördermaschinist Wilhelm Peter berichtet, wie sauber und prächtig die Maschinenhalle aussah. Um die Maschinen lagen rote Sisal-Teppiche, der Fußboden war gefliest, an den Treppen und an der Schaltzentrale auf der repräsentativen Empore waren Marmortafeln angebracht. Über allem thronte ein geschmiedeter Adler: Er trug eine Kaiserkrone und stellte symbolisch den Besitzer der Zeche dar, den königlich-preußischen Staat, der das Grubenfeld 1902 erworben hatte.

Von der Zeche Zweckel sind die beiden Fördergerüste über Schacht 1 und 2 sowie die Maschinenhalle erhalten. 1988 wurde das Ensemble unter Denkmalschutz gestellt. Die repräsentative Halle ist seit 1997 Standort der Industriedenkmal-Stiftung und wird seit 1999 als temporärer Veranstaltungsort für Kunst und Kultur genutzt, seit 2002 auch als Spielort der RuhrTriennale.

Führungen
ganzjährig jeden 2. u. 4. Sonntag im Monat, 14.00 Uhr

Weitere Infos
Stiftung Industriedenkmalpflege und Geschichtskultur
Emscherallee 11
44369 Dortmund
Tel.: 0231.931122-0
Web: www.industriedenkmal-stiftung.de

Anfahrt
mit öffentlichen Verkehrsmitteln:
Gladbeck Bahnhof-West mit Bus 188 bis Haltestelle „Solbad Zweckel".
mit dem Auto:
A 2 Richtung Gladbeck bis Gladbeck-Elllinghorst. Beisenstraße Richtung Gladbeck, dann der Beschilderung folgen.

DIE ZINKFABRIK ALTENBERG

Museum der Schwerindustrie

DIE ZINKFABRIK ALTENBERG

Fast 130 Jahre lang wurde in den alten Backsteinhallen Zink geröstet und geschmolzen, gegossen und zu Blechen gewalzt. Nicht vollautomatisiert wie heutzutage in hochmodernen Werken, sondern in harter Knochenmaloche bei sengender Hitze und beißendem Gestank. Inzwischen ist die ehemalige Walzhalle der Zinkfabrik Altenberg ein „Museum der Schwerindustrie", das die Geschichte der Eisen- und Stahlindustrie an Rhein und Ruhr aufrollt. Der Fabrikkomplex direkt am Oberhausener Hauptbahnhof gehört zu den ältesten Industriebauten der Stadt und zu den wenigen fast vollständig erhaltenen Fabrikanlagen aus der Gründerzeit des Reviers. Zudem sind hier auch beeindruckende Exponate aus anderen Standorten versammelt, die einen Besuch lohnen.
Zu sehen sind insgesamt 1.500 Ausstellungsstücke. Darunter zahlreiche historische Arbeitsgeräte, die im Betrieb vorgeführt werden. Vor allem aber jene Walzen und Dampfmaschinen, die zu ihrer Zeit zum Fortschrittlichsten gehörten, was es auf der Welt gab. Etliche Maschinen beeindrucken schon allein durch ihre schiere Größe. Darunter der fast zehn Meter hohe und 53 Tonnen schwere Dampfschmie-

dehammer des Bochumer Vereins, der einen Eindruck von den gewaltigen Dimensionen der Eisen- und Stahlproduktion von damals vermittelt. Oder die komplette Güterzug-Dampflokomotive 50 2429 von 1942 aus der Lokfabrik des Krupp-Konzerns.
Auch die Geschichte der Zinkfabrik selbst wird dargestellt: Filmausschnitte zum Produktionsverfahren, Fotografien und schriftlich festgehaltene Aussagen ehemaliger Arbeiter geben einen authentischen Einblick in die Produktionsabläufe und die harten Arbeitsbedingungen in der Fabrik.
Auch die frühen Auseinandersetzungen um die hohen Schadstoffbelastungen zwischen den Anwohnern und dem Unternehmen sind in der Ausstellung dokumentiert.
Der Gebäudekomplex der ehemaligen Zinkfabrik mit Walzhalle, Elektrozentrale, Schlosserei und Schmiede ist heute in der Obhut des Landschaftsverbandes Rheinland, der von hier aus sechs weitere Industriemuseen betreut.
Zu den Oberhausener Standorten gehören unter anderem das kleine Museum Eisenheim (siehe Seite 258) sowie die St. Antony Hütte (siehe Seite 242).

VOM SCHMIEDEHAMMER ZUM KULTURZENTRUM

Die Anfänge der Zinkfabrik Altenberg fallen genau in jene Zeit, als sich das nördliche Ruhrgebiet in rasantem Tempo zu einem der weltweit größten Industriegebiete entwickelte. Um die Importzölle zu umgehen, hatte die belgische Aktiengesellschaft Vieille Montagne beschlossen, ein Produktionswerk in Preußen aufzubauen. 1853 kaufte sie auf dem heutigen Gebiet der Stadt Oberhausen 16 Morgen der so genannten Lipper Heide und errichtete quasi mitten auf der grünen Wiese die Zinkfabrik Altenberg.

Die Lage hatte einen unschlagbaren Standortvorteil: Seit 1847 verkehrte hier die Köln-Mindener Eisenbahn, der Anschluss Oberhausen lag direkt am Fabrikgelände. Auch der Energielieferant für die Herstellung des leichten, rostfreien Metalls war bereits vor Ort: 1852 hatte auf der benachbarten Kohlenzeche Concordia die Förderung begonnen.

Um 1854/55 wurde die Zinkfabrik Altenberg gegründet und die Produktion von Rohzink aufgenommen. Ab 1928 wurde in Altenberg ausschließlich weiterverarbeitet, vor allem Zinkplatten für die Druckindustrie. 1981 wurde die Fabrik geschlossen.

1854/55 gegründet
1981 geschlossen

Das „zweite Leben" der Zinkfabrik beginnt 1984 mit der Übernahme des Geländes durch den Landschaftsverband Rheinland. Mit dem Ziel, den ehemaligen Fabrikkomplex künftig für kulturelle Zwecke zu nutzen, wurde zunächst tonnenweise Maschinenschrott entsorgt. Vor allem die hochgiftigen Hinterlassenschaften wie Blei, Quecksilber, Zinkstaub und andere Schwermetalle sowie Ölrückstände in Böden und Mauerwerk machten eine gründliche Sanierung erforderlich.

Heute ist die ehemalige Zinkfabrik Altenberg Museum und Kulturzentrum mit Disco, Veranstaltungshalle, Kino und Biergarten in einem.

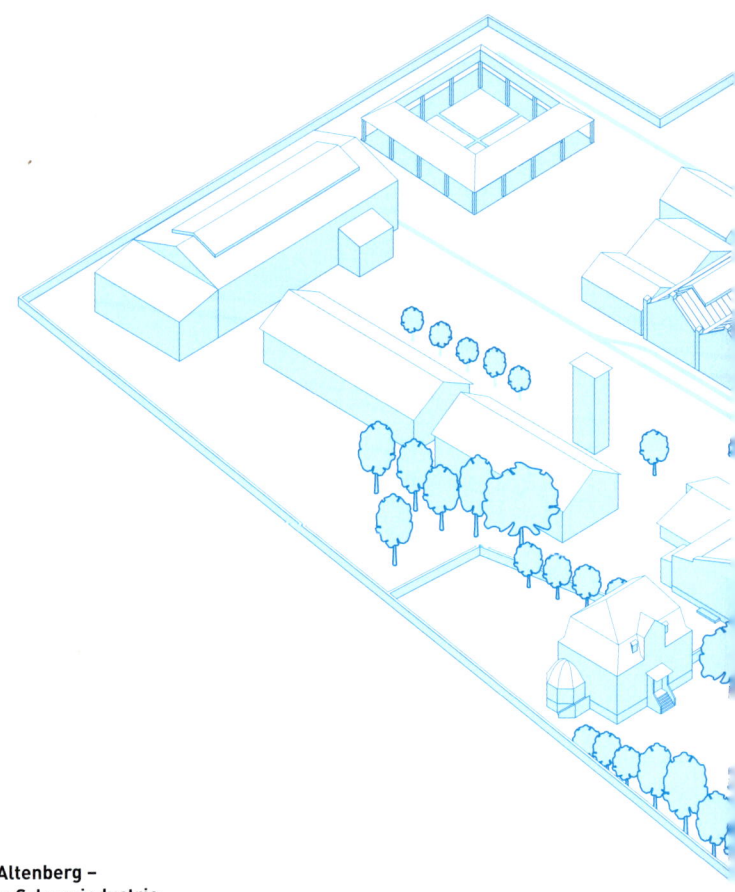

**Zinkfabrik Altenberg –
Museum der Schwerindustrie**
Hansastraße 18–20
46049 Oberhausen
Tel.: 02234.9921555
Web: www.industriemuseum.lvr.de

Öffnungszeiten:
dienstags bis freitags 10.00–17.00,
samstags und sonntags 11.00–18.00 Uhr

Führungen nach Anmeldung:
Info-Tel.: 02234.9921–555
E-Mail: info@kulturinfo-rheinland.de

Anfahrt:
mit dem Auto: A 2, A 3 bis Anschlussstelle
Oberhausen, der Beschilderung folgen
mit öffentlichen Verkehrsmitteln:
Hauptbahnhof Oberhausen, Westausgang
mit dem Fahrrad:
Emscher Park Radweg

Service ← **ZINKFABRIK ALTENBERG** 255

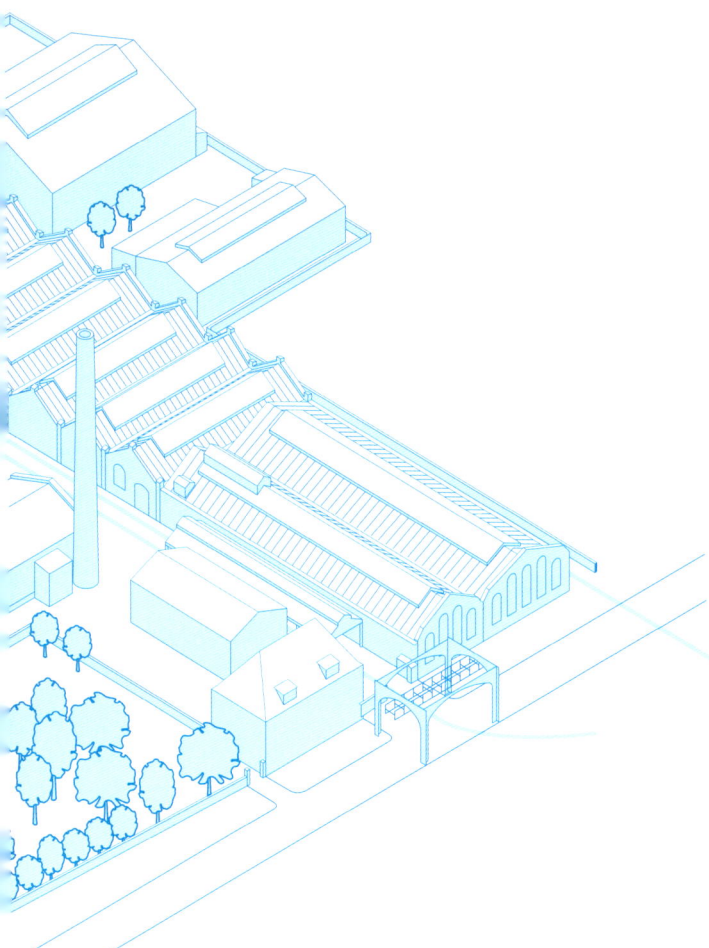

Weitere touristische Informationen:
RUHR.VISITORCENTER Oberhausen
CentrO/Neue Mitte /// Promenade 77
46047 Oberhausen /// Tel.: 0208.824570

E-Mail: infocenter@oberhausen.de
Web: www.oberhausen-tourismus.de
Öffnungszeiten: montags bis samstags
10.00–20.00, sonntags 10.00–14.00 Uhr.

STICHWORT: ARBEITERSIEDLUNGEN

Um 1850 entstanden in Oberhausen die ersten Arbeitersiedlungen des Ruhrgebiets. Die schnell wachsende Industrie benötigte für die aus entfernten Gegenden angeworbenen „tüchtigen Meister und Arbeiter" schnell und ausreichend Wohnraum. Die Arbeitsmigranten hatten Glück, wenn sie einen Arbeitsvertrag besaßen, der ihnen ein Anrecht auf eine Werkswohnung zusicherte. Andererseits gewannen die Arbeitgeber mit dem betrieblichen Wohnungsangebot einen festen Arbeiterstamm und erreichten so, die Mitarbeiter an das Unternehmen zu binden. Deshalb besaßen alle großen Arbeitgeber wie die Gutehoffnungshütte, Krupp, Thyssen und Haniel bereits in den Gründerjahren eigene Wohnungsbauunternehmen.

So entstanden die für das Ruhrgebiet typischen Kolonien in unmittelbarer Nähe der Pütts und Fabriken. Anders als in den Arbeitervierteln mit privaten Mietshäusern, in denen oftmals katastrophale Zustände herrschten, ließ es sich in den Werkssiedlungen durchaus gut leben. Hier wohnte allerdings immer nur eine Minderheit der Belegschaft. Zudem galten viele Werkswohnungen durch große Familien, Kostgänger und Untermieter schon damals als überbelegt.

Eine gängige Werkssiedlung bestand aus einem planvoll angelegten Straßennetz, einzeln stehenden Häusern für zwei oder mehrere Familien, meist getrennt zugänglichen Wohnungen und einer Gartenparzelle hinter dem Haus, dazu der Stall für eine Ziege, die so genannte „Bergmannskuh".

Um 1950 brach die erste Abrisswelle über die Siedlungen herein, da sie den gängigen Standards nicht mehr zu entsprechen schienen. Die baulichen und sozialen Qualitäten der Kolonien wurden erst nach und nach erkannt – vielerorts leider zu spät. Doch wo sie erhalten und behutsam modernisiert wurden, präsentieren sich heute geradezu märchenhafte Siedlungen.

Zu den schönsten gehört die Siedlung Teutoburgia in Herne: Um 1910 im Reformstil der englischen Gartenstadt errichtet, ist sie der Inbegriff einer liebevoll restaurierten Bergmannssiedlung – mit einzeln wie in einem großen Park stehenden Wohnhäusern, von denen keines dem anderen gleicht. Die schnuckeligen Zechenhäuschen sind komplett restauriert worden und inzwischen gefragte Immobilienobjekte.

Nicht drei Kilometer, sondern Welten trennen übrigens zwei erhaltene Siedlungen in Oberhausen: Die schlichte, hutzelige Arbeitersiedlung „Eisenheim" und die von dem renommierten Berliner Baumeister Bruno Möhring im englischen Landhausstil entworfene Villenkolonie „Am Grafenbusch". Letztere war ab 1910 mit bis zu 300 Quadratmeter großen Wohnungen für die leitenden Angestellten der nahe gelegenen Gutehoffnungshütte errichtet worden. Denn gerade für den Siedlungsbau im Ruhrgebiet gilt: Die Architektur ist Abbild der sozialen und betrieblichen Hierarchie.

TOURTIPP: SIEDLUNG EISENHEIM – IKONE DES WIDERSTANDS

Kontakt
Museum Eisenheim
Berliner Straße 10 a
46117 Oberhausen-Osterfeld

Öffnungszeiten
Ostersonntag bis 31. Oktober
sonn- und feiertags
10.00–17.00 Uhr

Sie ist die älteste erhaltene Arbeitersiedlung des Ruhrgebiets und hat einen Ruf wie Donnerhall: die Siedlung Eisenheim im Norden der Stadt Oberhausen. Der drohende Abriss in den 1970er Jahren geriet zu einem medialen Machtpoker zwischen den Bewohnern und dem Eigentümer. Als Retter der Siedlung gilt Professor Roland Günter. Der Kunsthistoriker hatte 1972 jene legendär gewordenen Arbeiterinitiative mitbegründet, die sich für den Erhalt der Siedlung einsetzte. Heute stehen die kleinen, einfachen Backsteinhäuschen, die durch ein Fußwegenetz und großzügige Gärten miteinander verbunden sind, unter Denkmalschutz.

Ab 1846 hatte die Hüttengewerkschaft Jacobi, Haniel & Huyssen, die spätere Gutehoffnungshütte, mit der Errichtung der Siedlung begonnen: eineinhalbgeschossige Doppelhäuser für Meisterfamilien und zweigeschossige Reihenhäuser für Arbeiter. Mitte der 1860er Jahre begann der zweite Bauabschnitt mit Vierfamilienhäusern. Um 1900 wurde die Siedlung auf insgesamt 51 Häuser erweitert. Nachdem bereits 1948 die Meisterhäuser abgerissen worden waren, stand in den 1950er Jahren der Abbruch der gesamten Siedlung an. Konkret wurden diese Pläne jedoch erst Anfang der 1970er Jahre.

Führungen
Für Gruppen ganzjährig nach Voranmeldung
Information und Anmeldung:
Info-Tel.: 02234.9921–555
E-Mail: info@kulturinfo-rheinland.de
Web: www.industriemuseum.lvr.de

Anfahrt
mit dem Auto:
A42 Anschlussstelle Oberhausen Zentrum. Konrad-Adenauer-Allee/A516 Richtung Sterkrade, Anschlussstelle „Oberhausen Eisenheim", Beschilderung folgen
mit öffentlichen Verkehrsmitteln:
vom Hauptbahnhof Oberhausen mit der Straßenbahnlinie 112 oder mit der Buslinien CE 90 bzw. CE 96 Richtung CentrO und weiter bis „Eisenheim"

Doch diesmal ging die Rechnung nicht auf: Die Eisenheimer protestierten laut und vernehmlich. Unterstützung erhielten sie durch eine Studie der Fachhochschule Bielefeld unter der Leitung von Roland Günter, die den hohen Wert des Wohnumfeldes für Kommunikation und Zusammenleben der Bevölkerung unterstrich. Die Eisenheimer setzten schließlich den Erhalt ihrer Siedlung durch. Mehr noch: Bis Anfang der achtziger Jahre wurden die 39 noch erhaltenen Häuser unter Mitwirkung ihrer Bewohner saniert. Das Engagement wurde 1978 mit

dem Kulturpreis der Kulturpolitischen Gesellschaft ausgezeichnet.

Das „Volksmuseum Eisenheim", Anfang der 1970er Jahre in einem der drei ehemaligen Waschhäuser der Siedlung eingerichtet, steht heute unter der Obhut des Landschaftsverbandes Rheinland und dokumentiert die Geschichte der Siedlung. Darüber hinaus kann eine Museumswohnung besichtigt werden.

⚒ KLEINES BERGBAU-LEXIKON

Alter Mann
Aufgegebene und nicht mehr befahrene Strecken unter Tage.

Berge
Beim Abbau von Kohle gewonnenes, nicht nutzbares, so genanntes taubes Gestein.

Bergehalde
Aufschüttung von Berge und Abraum (vgl. Waschberge).

Bergmann
Arbeiter in einem Bergwerk.

Bergschäden
Typische Folgen des Bergbaus wie schief stehende Häuser, Risse in den Wänden oder manchmal auch Löcher, die sich plötzlich im Boden auftun.

Bergwerk
Alle über- und untertägigen Einrichtungen, die zum Gewinnen, Fördern und Aufbereiten von Kohle dienen.

Fahren
Jede Art der Fortbewegung von Menschen unter Tage.

Flöz
Bis zu mehreren Metern dicke, kohlehaltige Schicht, die sich großflächig im Gestein ausdehnt.

Garungsdauer
Verweildauer der Steinkohle im Koksofen bis zum Ausdrücken des fertigen Kokses. Sie beträgt für Hochofenkoks etwa 20 bis 23 Stunden, bei Herstellung von Gießereikoks etwa 30 bis 33 Stunden.

Gezähe
Handwerkzeug des Bergmanns.

Glück auf!
Bergmannsgruß.

Grube
Die Anlagen eines Bergwerks unter Tage, das so genannte Grubengebäude.

Grubenfahrt
Aufenthalt in einem Bergwerk unter Tage zum Arbeiten, Kontrollieren oder Besichtigen.

Grubenfeld
Eine an der Tagesoberfläche begrenzte Fläche. Unterhalb des Grubenfeldes darf abgebaut werden.

Grubengas
Vorwiegend im Steinkohlenbergbau beim Abbau von Kohlenflözen freigesetztes Methan. Durch Zufuhr von Luft nach untertage wird der Methangehalt unter einem Prozent gehalten, so dass kein explosionsfähiges Gemisch entstehen kann.

Grubengebäude
Alle von den Bergleuten unter Tage geschaffenen Hohlräume eines Bergwerkes: Strecken, Schächte, Bunker und Sohlen.

Grubenpferd
Der so genannte Kumpel auf vier Beinen. Ab Mitte des 19. Jahrhunderts wurden im Ruhrbergbau Pferde eingesetzt. Sie arbeiteten als Schlepper unter Tage und erleichterten den Menschen die Arbeit: ein Pferd konnte acht bis zehn Loren ziehen, während ein erwachsener Schlepper nur eine Lore fortbewegte. 1910 waren im Bezirk des Oberbergamtes Dortmund 8.384 Tiere im Einsatz.
Nach dem Ersten Weltkrieg lösten Lokomotiven und Förderbänder nach und nach die Grubenpferde ab. Auf der Zeche Zollern II/IV in Dortmund-Bövinghausen ging mit Nurmi 1953 das letzte Grubenpferd in den Ruhestand.

Grubenwasser
Zufließendes Grundwasser im Grubengebäude, das ständig reguliert und abgepumpt werden muss.

Halde
Aufschüttungen von Erz, Kohle, Koks oder Berge, die im Freien gelagert werden und in der Regel nicht für den sofortigen Verbrauch oder Verkauf vorgesehen sind (vgl. Bergehalde).

Hütte
Betrieb, in dem unter hohen Temperaturen aus Erzen Eisen und Stahl gewonnen und verarbeitet wird.

Kaue
Räume, in denen sich die Bergleute vor und nach der Schicht umkleideten und den Kohlenstaub vom Leibe wuschen.

Kohle
Fossiler Brennstoff, der sich über mehrere Millionen Jahre unter Luftabschluss aus Pflanzenüberresten gebildet hat.

Kohlenwäsche
Anlage, in der die Rohkohle mit Hilfe von Wasser von dem tauben Gestein getrennt wird (vgl. Berge).

Kokerei
Anlage zur Umwandlung von Kohle in Koks. Eine Kokerei besteht insbesondere aus Koksofenbatterien, der Kokssieberei und chemischen Anlagen zur Gewinnung von Kohlen-Nebenprodukten wie etwa Teer und Ammoniak.

Kokereigas
Bei der Verkokung anfallendes Gasgemisch aus etwa 55 Prozent Wasserstoff, 25 Prozent Methan, 10 Prozent Stickstoff und 5 Prozent Kohlenmonoxid. Je nach Kohlenart und Entgasungsgrad schwankt der Heizwert. Kokereigas wird teilweise als Unterfeuerungsgas zur Beheizung der Koksöfen verwendet. Der überwiegende Teil wird als Heizgas in ein Ferngasnetz abgegeben.

Kokskohle
Steinkohle, die sich zur Herstellung von Koks besonders eignet.

Koksqualität
Je nach Verwendungszweck werden an Koks bestimmte Anforderungen gestellt, insbesondere hinsichtlich Korngröße, Festigkeit, Abrieb, Wassergehalt, Aschegehalt und Schwefelgehalt. Das gilt vor allem für Hochofenkoks und Gießereikoks.

Korngröße
Steinkohle und Koks werden durch Absieben in handelsübliche Kornklassen sortiert. Man unterscheidet Kohlen, Knabbeln, Nuss und Feinkohle; Koks, Hochofenkoks, Brechkoks und Koksgrus.

Leinpfad
Weg entlang der Ruhr, auf dem die Zugpferde geführt wurden, die die Kohlenschiffe stromaufwärts zogen.

Ort, auch vor Ort
Arbeitsplatz des Bergmanns.

Pinge
Trichterförmige Vertiefung der Erdoberfläche, hervorgerufen durch Bruch eines Grubenbaues.

Pütt
Ursprünglich brunnenartiges Loch, in dem mit einfachsten Mitteln Kohle abgebaut wurde. Umgangssprachlich auch für Zechen aller Art und Größe.

Schacht
Senkrechter Zugang zum Grubengebäude.

Schlägel und Eisen
Alte Bezeichnung für das historische Werkzeug des Bergmanns: Hammer und Meißel. Bis heute Symbole für den Bergbau.

Schlagende Wetter
Explosionsfähige Gemische unter Tage (vgl. Grubengas).

Stollen
An einem Hang beginnende Abbaustrecke.

Tiefbau
Kohleabbau unter Tage in einem Tunnelnetz, das durch senkrecht verlaufende Schächte mit der Erdoberfläche verbunden ist.

Unter Tage
Alle Bergwerksanlagen unter der Erdoberfläche.

Waschberge
Gestein, das nach der Aufbereitung der Kohle in der Kohlenwäsche übrig bleibt.

Wetter
Bewegte Luftströme unter Tage. Unterschieden wird zwischen Frischwetter, das heißt übertägig angesaugte Luft, und Abwetter, die aus dem Grubengebäude abgesaugte Luft. Mit Wetterführung wird das gezielte Leiten der Luftströme zu allen Punkten des Grubengebäudes bezeichnet.

Zachel
Messer.

Zappenduster
Aus, Schluss, vorbei.

Zeche
Betrieb zur Gewinnung und Aufbereitung von Kohle.

Zichte
Zigarette.

TOURISTISCHE SERVICELEISTUNGEN

Route Industriekultur

Der Rundkurs „Route Industriekultur" verbindet die Orte aus der Ära von Kohle und Stahl. Das zentrale Besucherzentrum im Welterbe Zollverein informiert über touristische Angebote rund um die Route.

RUHR.VISITORCENTER /// Welterbe Zollverein, Kohlenwäsche /// Gelsenkirchener Straße 181 /// 45309 Essen /// Tel.: 0201.246810 /// E-Mail: besucherzentrum@zollverein.de /// Öffnungszeiten: täglich 10.00–18.00 Uhr

Route Industriekultur per Rad

Viele industriekulturelle Standorte wie das Welterbe Zollverein, der Landschaftspark Duisburg-Nord oder der Tetraeder Bottrop liegen direkt an einem Radweg. Den Weg dorthin weist die Radwanderkarte „Route der Industriekultur per Rad". Der Erlebnisführer ist im gut sortierten Buchhandel erhältlich.

„Route der Industriekultur per Rad" /// ISBN: 978-3-932 165–91-7 /// 14,90 Euro

RevierRad

Das Mietfahrrad kann an über 20 Stationen im Ruhrgebiet ausgeliehen werden.
Preise: ab 5 Euro pro Tag, Kinderrad 3,50 Euro.

Information und zentrale Buchung:
RevierRad-Zentrale /// Mülheim Hbf /// Dieter-aus-dem-Siepen-Platz 3 /// 45468 Mülheim an der Ruhr /// Öffnungszeiten: montags bis freitags 05.30–22.30, samstags und sonntags 08.00–18.30 Uhr Tel.: 0208.8485720 /// Hotline: 0700 revierrad /// Web-Infos: www.revierrad.de

Ruhr Tourismus GmbH

Zentrale Hotel- und Zimmervermittlung, Tickets, Pauschalarrangements und Informationen bietet die regionale Tourismusbehörde.

Ruhr Tourismus GmbH /// Centroallee 261 /// 46047 Oberhausen /// 01805 18 16 10 (0,14 €/Min. aus dem deutschen Festnetz, max. 0,42 Euro/Min. aus dem Mobilfunk) /// Web-Infos: www.ruhr-tourismus.de

Route der Industriekultur per Rad:

- Emscher Park Radweg
- Rundkurs Ruhrgebiet
- R 27 Verbindungswege
- RuhrtalRadweg
- ---- Anschluss an andere touristische Routen
- 9 RevierRad-Stationen

Ankerpunkte

◉ Besucherzentrum Ruhr
Portal der Industriekultur

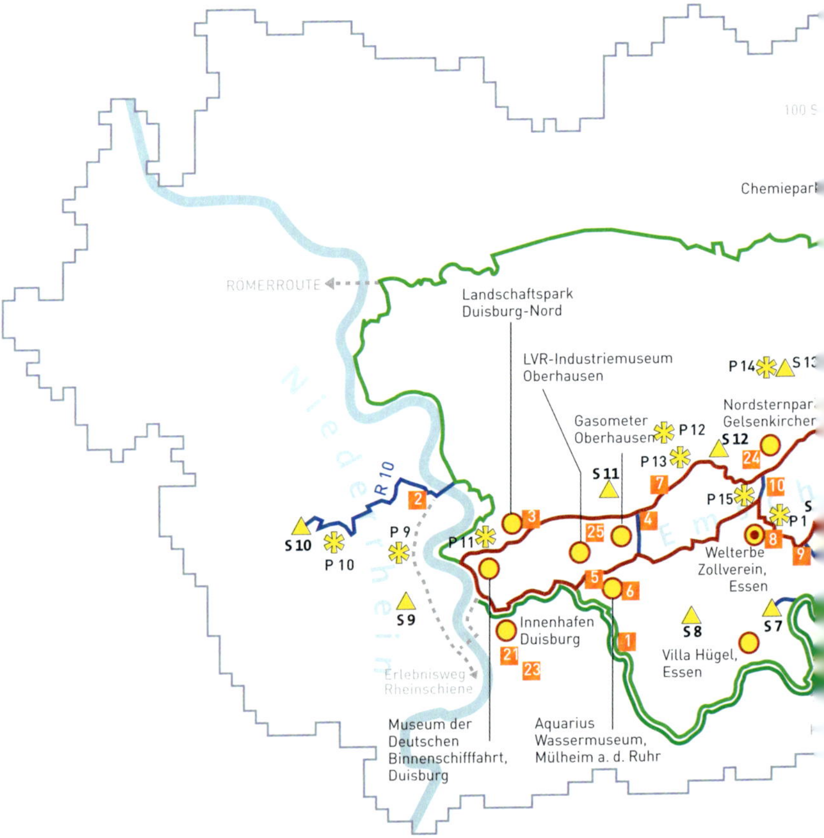

TOURISTISCHE SERVICELEISTUNGEN

△ **Bedeutende Siedlungen**
- S 1 Flöz Dickebank, Gelsenkirchen
- S 2 Dahlhauser Heide, Bochum
- S 3 Teutoburgia, Herne
- S 4 Alte Kolonie Eving, Dortmund
- S 5 Ziethenstraße, Lünen
- S 6 Lange Riege, Hagen
- S 7 Altenhof II, Essen
- S 8 Margarethenhöhe, Essen
- S 9 Rheinpreußen, Duisburg
- S 10 Alt-Siedlung Friedrich-Heinrich, Kamp-Lintfort
- S 11 Eisenheim, Oberhausen
- S 12 Gartenstadt Welheim, Bottrop
- S 13 Schüngelberg, Gelsenkirchen

❋ **Panoramen der Industrielandschaft**
- P 1 Halde Rheinelbe, Gelsenkirchen
- P 2 Halden Hoheward/Hoppenbruch, Herten
- P 3 Halde Schwerin, Castrop-Rauxel
- P 4 Halde Großes Holz, Bergkamen
- P 5 Kissinger Höhe, Hamm
- P 6 Fernsehturm Florian, Dortmund
- P 7 Hohensyburg, Dortmund
- P 8 Berger-Denkmal auf dem Hohenstein, Witten
- P 9 Halde Rheinpreußen, Moers
- P10 Halde Pattberg, Moers
- P11 Alsumer Berg, Duisburg
- P12 Halde Haniel, Bottrop
- P13 Tetraeder, Bottrop
- P14 Halde Rungenberg, Gelsenkirchen
- P15 Halde Schurenbach, Essen

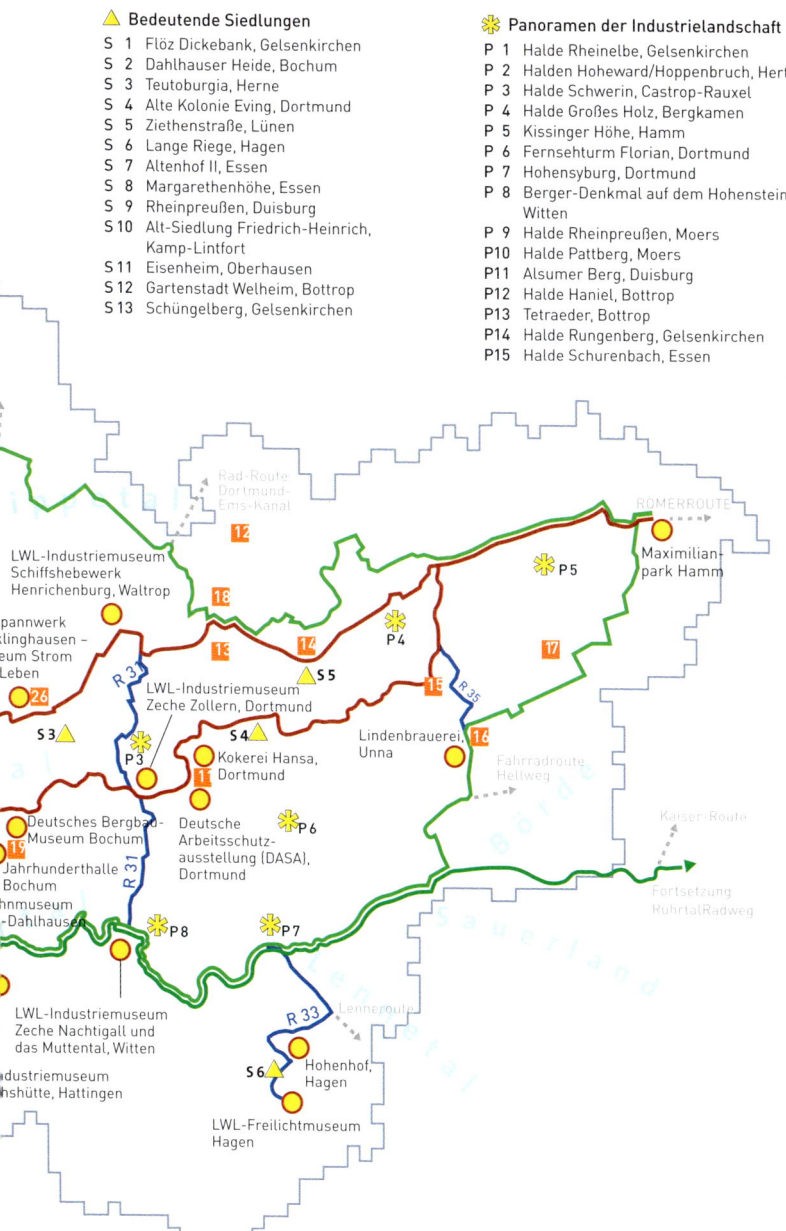

STICHWORT-REGISTER

A
Arbeitersiedlung 107, 256

B
Bergbau-Rundweg Muttental 168
Bethaus 163
Bergbaumuseum, Deutsches 108
Bergehalden 245

C
D
E
Eisenbahnmuseum 187
Emscher 126
Emscher Park Radweg 42, 268
Erfahrungsfeld der Sinne 23
Erzbahn 44

F
Forststation Rheinelbe 44
Forum Geschichtskultur
    an Ruhr und Emscher 41

G
Gartenstadt 78
Gasometer Oberhausen 232
Gruben- und Feldbahnmuseum
    Zeche Theresia 170
Grubentuch 141
Grüner Pfad 210
Gutehoffnungshütte 232, 234, 242, 256

H
Halde Rheinelbe 44, 269
Halden 244

Haus Ripshorst 211
Henrichshütte Hattingen 172
Himmelstreppe 44
Hohenhof Hagen 74
Hügelpark 56

I
Industrienatur 208
Industriedenkmalpflege 146
Innenhafen Duisburg 212
Internationale Bauausstellung (IBA)
    Emscher Park 147

J
Jahrhunderthalle 42, 82

K
Keramische Werkstatt Margarethenhöhe 39
Knappenfrühstück 169
Kohlenwäsche 16, 264
Kokerei Hansa 112
Kokerei Zollverein 29 ff.,147
Koksofenbatterien 26
Kolonie 107
Krupp .... 48 ff., 78 ff., 102
Kunstschacht Zollverein 22

L
Landmarkenkunst 245
Landschaftspark Duisburg-Nord 190

M
Manufactum 128, 141
Margarethenhöhe 64, 78
Maschinenhalle Zweckel Gladbeck 246

Mechtenberg 44
Mischanlage 24, 27, 31
MKM Museum Küppersmühle 220
Museumszug .... 186 ff.
Muttental 168
Muttenthalbahn 170

N
O
Osthaus, Karl Ernst 73, 74

P
Pact Zollverein 21
Palast der Projekte 28
Prigann-Halde 44

Q
R
Red dot design museum 18
RevierRad 127, 267
Rheinisches Industriemuseum 243
Route der Industriekultur 147, 266
Rückriem, Ulrich 20
Ruhr 184
Ruhr Museum 16
Ruhrtal 53, 65, 154, 166
Ruhrtalbahn 169, 187
RuhrTriennale 100, 147

S
Schiffshebewerk Henrichenburg ... 127, 148
Schurenbachhalde 46
Siedlung Eisenheim .... 258 ff.
Siedlung Grafenbusch 260
Siedlung Margarethenhöhe 78

Siedlung Teutoburgia 257
Skulpturenpark Rheinelbe 44
Sonnenrad 29
Stiftung Industriedenkmalpflege
    und Geschichtskultur 146

T
Tetraeder Bottrop 244

U
V
Villa Hügel .... 48 ff.

W
Westpark .... 85 ff.
Werksschwimmbad 27

X
Y
Z
Zeche Hannover 102
Zeche Knirps 102
Zeche Theresia 169
Zeche Zollern .... 130 ff.
Zeche Zollverein .... 8 ff.
Zeche Nachtigall .... 152 ff.
Zeche Waltrop 129
Zinkfabrik Altenberg .... 248 ff.
Zollvereinweg 42

Bildnachweis: S. 8/9, 30: Casino Zollverein; S. 12, 18, 19, 20, 21, 39, 208: Stiftung Zollverein; S. 16, 17: Ruhrmuseum; S. 24, 25, 26, 27, 28, 29, 110/111, 114, 118, 119, 146, 246, 247: Stiftung Industriedenkmalpflege; S. 22: Thomas Mayer; S. 32: Norbert Zingel; S. 34, 35, 48/49: Ulrich von Born; S. 36, 37, 42, 43, 44, 46, 62, 63, 64, 66, 71, 78, 79, 81, 95, 96, 102, 105, 124, 138, 139, 140 u., 141, 143, 150, 151, 181, 182, 188, 199, 200, 203, 204, 239, 241, 258, 259, 260, 261: Archiv Delia Bösch; S. 40, Frank Vinken; S. 45: Michael Schwarze-Rodrian; S. 52, 61, 70: Historisches Archiv Krupp, Essen; S. 56: Michael Kneffel; S. 57, 58, 59, 68: Ursel Borstell; S. 60: blickwinkel/S. Ziese; S. 72, 73: Museum Folkwang; S. 74, 75, 76, 77: Kunstquartier Hagen; S. 82/83 Michael Kneffel, 100, 101, 198 Annette Jonak, Anne Lochmann/RuhrTriennale; S. 90: LEG Stadtentwicklung; S. 97: Anja Steinig; S. 103, 104, 106: WIM/Holtappels/Hudemann; S. 108, 109: Deutsches Bergbau-Museum; S. 127: Emschergenossenschaft, S. 128: Manufactum; S. 130/131, 134/135, 140 o., 142, 148, 151, 158, 160, 161, 162, 172, 176, 180: LWL-Industriemuseum/Holtappels, Hudemann; S. 190/191: Duisburg Marketing Landschaftspark Duisburg-Nord/Peter Liedtke; S. 210, 211: RVR; S. 212/213, 226, 227: Stadt Duisburg; S. 220, 221 MKM Museum Küppersmühle/G. Lukas, S. 216, 218/219: Innenhafen Duisburg Entwicklungsgesellschaft GmbH; S. 228: Lutz Fritsch; Seite 230/231: Tom Thöne/WAZ FotoPool; S. 234: LVR-Industriemuseum; S. 242, 243, 248/249, 252: LVR-Industriemuseum; Isometrien: KVR.